高等职业教育安全保卫专业群规划教材
北京市职业教育分级制改革试验项目成果

危情沟通与咨商

柳春香　编著

中国人民公安大学出版社
·北京·

图书在版编目（CIP）数据

危情沟通与咨商／柳春香编著.—北京：中国人民公安大学出版社，2019.4
高等职业教育安全保卫专业群规划教材
ISBN 978-7-5653-3576-1

Ⅰ.①危… Ⅱ.①柳… Ⅲ.①民用航空-突发事件-公共管理-高等职业教育-教材 Ⅳ.①F560.69

中国版本图书馆 CIP 数据核字（2019）第 053479 号

WEI QING GOU TONG YU ZI SHANG
危情沟通与咨商
柳春香　编著

出版发行：	中国人民公安大学出版社
地　　址：	北京市西城区木樨地南里
邮政编码：	100038
经　　销：	新华书店
印　　刷：	北京市泰锐印刷有限责任公司
版　　次：	2019 年 4 月第 1 版
印　　次：	2025 年 1 月第 5 次
印　　张：	10
开　　本：	787 毫米×1092 毫米　1/16
字　　数：	250 千字
书　　号：	ISBN 978-7-5653-3576-1
定　　价：	40.00 元
网　　址：	www.cppsup.com.cn　www.porclub.com.cn
电子邮箱：	zbs@cppsup.com　zbs@cppsu.edu.cn

营销中心电话：010-83903254
读者服务部电话（门市）：010-83903257
警官读者俱乐部电话（网购、邮购）：010-83903253
教材分社电话：010-83903259

本社图书出现印装质量问题，由本社负责退换
版权所有　侵权必究

高等职业教育安全保卫专业群规划教材
编审委员会

主　任：郑振远　许传玺
副主任：杨玉泉
委　员：李　伟　付忠勇　杨　春　朱　明
　　　　海　南　金玉兰　张　林　李国华
　　　　周　超　者美杰　史彦林　屠连生
　　　　殷卫宏　尹　杰　李万明　孙凤雨
　　　　秦嘉黎

前　言

随着社会经济的高速发展和全球化进程的不断推进，我国民航业得到迅猛发展，战略地位也日益凸显，中国民航已连续11年位居世界第二，成为仅次于美国的全球第二大航空运输系统。按照《中国民用航空发展第十三个五年规划》的建设目标，至2020年我国将初步建成民航强国。民航业的蓬勃发展在给社会经济发展带来巨大推动力的同时，也给民航运输安全带来了前所未有的挑战。由于民航业的特殊性，很多犯罪分子将民航客机作为袭击的首选目标，以期达到影响的最大化，造成社会恐慌。尤其是美国"9·11"事件和马航MH370航班神秘失踪事件，不仅给国家和人民造成生命财产损失，还带来巨大的政治影响，最终导致政府公信力下降。因此，民航空防安全牵动着世界亿万人民的心。

当前，我国民航空防安全已经上升到国家安全的战略高度，加之《中华人民共和国反恐怖法》的颁布实施，为我国民航做好空防安全工作特别是反恐怖工作提供了有力支持和保障。从我国民航空防安全制度架构来看，民用机场实行全方位的安全检查并在相关城市成立反劫机专业队伍，特别是在民用航空飞机内部还同时设置空中警察或空中安全员（航空安全员）这一岗位来执行空防安全保卫任务，这都体现了国家对民航空防安全的重视。

我国民航业虽起步较晚但发展迅速，民航安保尤其是反劫机理论与策略研究相对较少。本书正是从我国民航业对民航管理与服务专业化、职业化人才和民航安保研究的迫切需求出发，针对我国民航发展趋势、民航安全现状及特点，通过借鉴警务危机谈判的相关内涵、原则及方法等，初步探讨了在介入和处置民航安全危机事件时危情沟通的内涵、技巧与策略。本书的编写，兼顾理论与实用，以犯罪心理学为理论依托，以案例分享和拓展阅读为信息载体，结合民用航空、危机警务、恐怖主义等专业知识，深入剖析危情沟通各方行为特点并提出具体应对策略，以期为航空安保专业学习者提供理论依据和实践指导。

本书在写作过程中，得到了中国民用航空局、航空公司及首都机场航空安保有限公司相关领导、北京政法职业学院安全防范系领导和老师的大力支持，同时也得到了北京政法职业学院国内安全保卫（空中安全员）专业李嘉超、王毅男两位同学的倾力帮助。在此，向所有对本书写作和出版提供帮助的朋友们表示衷心的感谢！

本书是对民航安保策略研究的初步探索与尝试，由于编者水平有限，成稿时间仓促，难免会存在一些问题，敬请广大读者批评指正。

编者
2019年1月

目　　录

第一章　民航安全与危情沟通概述 ………………………………………（ 1 ）
　第一节　民用航空安全之现状 ……………………………………………（ 3 ）
　第二节　危情沟通概述 ……………………………………………………（ 11 ）

第二章　沟通实用技巧 ……………………………………………………（ 19 ）
　第一节　沟通概述 …………………………………………………………（ 20 ）
　第二节　语言沟通实用技巧 ………………………………………………（ 23 ）
　第三节　肢体语言沟通技巧 ………………………………………………（ 28 ）

第三章　沟通主体心理因素分析 …………………………………………（ 51 ）
　第一节　危情沟通各方心理特征 …………………………………………（ 53 ）
　第二节　人质心理效应分析 ………………………………………………（ 55 ）

第四章　危情沟通策略 ……………………………………………………（ 64 ）
　第一节　民航劫持犯罪行为类型 …………………………………………（ 66 ）
　第二节　民航反劫持处置要点 ……………………………………………（ 69 ）
　第三节　民航劫持犯罪行为沟通策略 ……………………………………（ 72 ）
　第四节　武力劫持者心理分析与应对策略 ………………………………（ 77 ）

第五章　恐怖劫持应对分析 ………………………………………………（ 85 ）
　第一节　恐怖主义概述 ……………………………………………………（ 89 ）
　第二节　恐怖主义犯罪心理分析 …………………………………………（ 93 ）
　第三节　案例分析及危情沟通策略 ………………………………………（ 99 ）

第六章　精神障碍劫持行为应对分析 ……………………………………（107）
　第一节　精神障碍者犯罪概述 ……………………………………………（109）
　第二节　精神分裂与劫机犯罪策略分析 …………………………………（114）
　第三节　精神抑郁者劫持行为心理分析及应对策略 ……………………（117）

主要参考文献 ·· (125)

附录一　关于在航空器内的犯罪和其他某些行为的公约 ·················· (127)
附录二　关于制止非法劫持航空器的公约 ·· (132)
附录三　关于制止危害民用航空安全的非法行为的公约 ····················· (136)
附录四　制止在用于国际民用航空的机场发生的非法暴力行为以
　　　　补充1971年9月23日订于蒙特利尔的制止危害民用航
　　　　空安全的非法行为的公约的议定书 ·· (140)
附录五　关于在可塑炸药中添加识别剂以便侦测的公约 ····················· (142)
附录六　中华人民共和国民用航空安全保卫条例 ································· (146)

第一章　民航安全与危情沟通概述

学习目标

1. 了解民航安全现状、民航安全立法概况。
2. 熟悉民航安全事件的特点与趋势。
3. 掌握危情沟通的含义、功能和原则。

案例导读

惊魂 17 分——天津航空"6·29"劫机事件纪实[①]

（一）机组竭力智斗歹徒

2012 年 6 月 29 日，新疆和田，多云。从乌鲁木齐飞到和田的天津航空 B3171 号飞机，执行的是一天当中乌鲁木齐与和田之间五个航班中的第二个。因为时刻好，从和田飞往乌鲁木齐的 GS7554 航班抵达时间是 14 时 20 分（新疆因时差问题，一般单位 16 时开始上班），所以即便票价相对高一些，上座率依然不错。6 月 29 日这天，这架 E190 客机的六个头等舱全满，92 个座位的经济舱也售出了 85 个座位。

在从乌鲁木齐出发前，机长邹劲松在带领全体机组人员做完飞行前准备后，笑着对安全员杜岳峰和徐洋说："小伙子们，今天要把目光放机灵点，马上就是'七一'，既是党的生日，又是香港回归 15 周年纪念日，咱们可不能出丝毫差错。"负责对 GS7554 航班登机旅客进行监控的杜岳峰除了看见该航班上有一名挂着双拐的旅客外，没有发现什么异常。"在起飞的那一刻，我想这次飞行会与我担任安全员一年以来的所有飞行一样平安顺利。"

12 时 25 分，GS7554 准时起飞，乘务长郭佳坐在前舱门口面向全体旅客的位置。因为担心旅客在起飞或下降时未系好安全带而发生危险，在飞行不处于平飞状态时，机舱内的分舱遮帘全部拉开，方便乘务员坐在安全座椅上即可监控舱内情况。

12 时 30 分，飞机还没有进入平飞状态，郭佳突然发现有三名坐在经济舱前部的旅客离开自己的座位朝头等舱方向跑来。第一名旅客行动时，她还想提示暂时不可以使用卫生间，随即她看到了后起身的两名旅客手里都拿着钢管。"你们要干吗?!"她喊道，脑子里闪过"出事了"的念头。坐在经济舱前部的杜岳峰听到急促的脚步声、叫喊声，下意识地准备起身研判情况，但歹徒的钢管直接敲中了他的头部，致使其短暂失去意识。这时，在歹徒和驾驶舱中间的机组力量就只剩下郭佳一人，而众所周知，驾驶舱是

[①] 许晓泓. 惊魂 17 分——天津航空"6·29"劫机事件纪实. 航空世界，2012（9）：44-45.

飞机上最关键的部位。尽管独自面对三名手拿钢管的歹徒，内心不免害怕，但郭佳还是坚持守在驾驶舱门口，并想着怎样把信息传递给机组。穷凶极恶的歹徒一边盯住郭佳，一边尝试用各种办法打开驾驶舱舱门，郭佳毅然扑了上去，她的头部、手臂被钢管重重打伤。头等舱的旅客这时才明白自己所处的状况。他们迅速行动起来，加入到与歹徒殊死搏斗的行列中。

"12时32分，在飞行高度达到5700米，即将平飞时，我突然感到飞机状态不稳，客舱里传来尖叫声和急促的奔跑声，还有嘈杂的打斗声。几乎在同一时间，我从驾驶舱监视器发现，在原本平静的头等舱区域，几个人正扭打在一起。我立即意识到发生了紧急情况。"凭借长期的应急训练和多年的飞行经验，邹劲松告诉自己要尽可能地保持冷静。他马上作出返航的决策，并对驾驶舱里的三个人进行了简要分工：他自己负责驾驶飞机；副驾驶杨海涛负责通信联络，立即向乌鲁木齐区调及和田塔台报告遭遇劫机，申请紧急返航，并要求机场做好反劫机预案的准备工作；观察员陈开元则盯着监视器，监控客舱情况，随时保卫驾驶舱安全。客舱里的紧急状况在此时变得尤其严峻。头等舱的几名旅客和郭佳一起与三名歹徒处于对峙的状态，但旅客们和郭佳都已多处受伤，头部、身体多处见血；而客舱中部突然又有两名歹徒准备前往头等舱支援。紧要关头，GS7554航班的机组人员冲了上去，苏醒过来的杜岳峰和另一位安全员徐洋冲在最前面，而几位女乘务员则通过客舱紧急广播，呼吁身强力壮的旅客站出来，协助安全员一起制服歹徒。群众的力量，特别是当天碰巧搭乘该次航班的几位公安民警迅速出手，使得客舱中部的局面很快稳定下来。安全员随后将重心向处于僵持状态的前舱转移。前舱的犯罪嫌疑人在此时更加穷凶极恶，虽然形势已对其不利，却仍不肯就范，直到机组安全员和旅客一起出手将其全部制服。

12时40分，邹劲松接到郭佳报告，得知劫机分子已经全部被制服。于是，机组一方面告知旅客即将返航，另一方面改自动驾驶为人工操作，以最快速度安全降落。从12时31分到12时41分，仅仅10分钟时间机组与机上乘客共同将六名企图劫持飞机的歹徒制服，安全返航和田机场。

（二）反劫机处置

就在GS7554机组全体成员和旅客同歹徒进行殊死搏斗的时候，整个民航从上到下已经启动了反劫机预案，各种信息快速流转，各种指令快速下达。和田机场管制员在收到GS7554机组的报告后，立即按机组意图指挥航班返航，同时启动突发事件处置信息发布流程，开始向各个岗位和业务单位传递信息。从乌鲁木齐到北京，民航各级管理部门在第一时间收到GS7554航班遭到劫机的报告，各项反劫机机制随即启动。在和田机场，管制室根据机场值班领导指示，向各岗位发布了启动和田机场应急救援指挥预案的信息。和田机场在第一时间向乌鲁木齐机场运行指挥中心以及和田地区110进行了通报。GS7554航班在指定停机坪停靠并打开舱门后，特警、武警迅速登机，将歹徒押下飞机，医护人员将受伤的机组人员和旅客送往医院救治。

6月29日当天反劫机成功后，天津航空专门调派一架EMB190飞机和两套机组，在乌鲁木齐备份待命，并于当晚在GS7554航班旅客完成排查后，将该架飞机调往和田，将有意愿继续出行的GS7554航班的旅客运送至乌鲁木齐。

GS7554 航班所属的天津航空更是把指挥部由天津移至乌鲁木齐。由天津航空董事长兼总裁辛迪担任组长的应急处置小组第一时间飞至乌鲁木齐，29 日晚又组织召开紧急安全会议，把信息通报给天津航空所有机长，并按照局方要求，加大对新疆的安保力量投入。天津航空的母公司海航和海航的母公司海航集团也对天津航空的处置给予了重要指导。海航集团董事长陈峰 29 日下午在海口召开下属航空运输企业和机场负责人参加的董事局扩大会议，在外出差的副董事长兼首席执行官王健先是对事件处理和后续工作作出 11 项部署，紧接着又中断海外行程，赶赴乌鲁木齐。海航集团安委会主任、海航航空董事长兼总裁王英明也率相关人员第一时间赶赴乌鲁木齐。

在事后接受采访时，已经恢复明媚笑容的郭佳说，她当时也很害怕，但身为乘务长，身为民航的一分子，保护旅客的生命安全是他们的职责。"这次反劫机事件的胜利，不仅是天津航空的胜利，更是中国民航的胜利。"当班机长邹劲松说。

7 月 6 日，中国民航局在北京举行表彰大会，授予 GS7554 航班当班安全员杜岳峰、徐洋和乘务长郭佳"中国民航反劫机英雄"荣誉称号；为当班机长邹劲松、副驾驶陈开元、杨海涛和乘务员吕慧、王婉钰、宋佳分别记个人一等功。

相关统计资料显示，从 1977 年 6 月 16 日我国发生第一起劫机案件至今，民航系统在空中一共挫败近 40 起劫持和破坏事件。这些案例，被认为是广大民航机组成员、空中保卫人员临危不惧的胆魄，以及时刻以党和国家利益、以旅客生命安全为第一位的忘我牺牲精神的缩影。

民用航空业从诞生伊始，各国政府、有关机构和航空业界始终高度重视航空安全，航空安全作为航空运输系统正常运行的重要保障和关键环节，不仅直接关系万千旅客的生命财产安全，同时关系着数千万家庭的幸福安康，也关系着航空系统的形象和可信赖程度，同时也是国家和社会安全稳定的重要影响因素。

第一节 民用航空安全之现状

1931 年 2 月，在秘鲁发生了世界上首次劫机事件，而当时劫机者的动机主要是利用劫持的飞机大范围散发反政府小册子。2001 年在美国发生了影响深远的"9·11"恐怖袭击事件，演变成恐怖袭击的劫机事件，使得全球各国人民纷纷把目光锁定在劫机上，"劫机"（Hijack）一词也随之家喻户晓。

劫机也称为空中劫持，是对危害国际民用航空安全的非法行为的俗称，有狭义与广义之分。狭义的劫机，是指运用武器或威胁等暴力手段强行迫使正在飞行中的航空器前往某一特定的地点，为实现一定的目的，劫机者往往同时劫持机上的乘客或机组人员作为人质。广义的劫机，是指所有危害民用航空安全的非法干扰行为，包括劫夺、破坏、损害和其他危害民航安全的非法行为。依照《蒙特利尔公约》的规定，不仅包括正在"飞行中"的航空器，也包括正在"使用中"的航空器；不仅包括直接针对航空器的非法行为，而且包括对保障民航正常运行必备的航空设备的破坏行为。本书中所指的劫机是广义上的劫机行为。纵观历次劫机案件，劫机者的动机和目的各式各样，既有政治流亡、劫持作为交通工具、解救人质、实施恐怖活动等目的明确、意识清晰的劫机行为，也有因对航空器自身有异常兴趣甚至是由于精神错乱、神志不清等引发的劫机行为。

Hijack 是由"high"和"Jack"演变而来的。具体来历是，在 20 世纪 20 年代，美国宪法规定不准制造、出售各种酒，但由于高额利润的诱惑，不少商人用货车偷运各种酒，走私做黑市买卖，牟取暴利。抢劫走私犯的强盗也随之而生。强盗作案时埋伏在路边，等货车一到，他们便跳出来，对着司机和货主大喊："High, Jack!"这里"high"的意思是"高举双手，不许反抗"；"Jack"是称呼，在英语中可泛指任何人，就像中文里的"张三李四"一样普通。Highjacker 的意思是抢劫者。1921 年，Highjacker 演变成 Hijacker，意思是"抢劫酒类走私犯的人"。到 1923 年，Hijacker 演变成了动词 Hijack，意思不断扩大，由原来仅指"抢劫走私酒"演变到表示"拦路抢劫"。近 20 多年来，世界上劫机事件时有发生，Hijack 就用来表示"劫机"，做动词用，意思是"侵占、抢夺、劫机"等；做名词用，意思是"劫机事件"。[①]

【问题思考】
非法干扰行为包括哪些内容？

一、国际劫持民用航空器概述

伴随民用航空器的出现，劫持民用航空器犯罪行为便如影随形，作为民用航空领域一种新的犯罪途径，劫持民用航空器成为所有航空犯罪中最常见、最常用、最主要的一种手段和方法。由于劫机事件容易获得极高关注度、产生巨大政治社会影响，这种与生俱来的影响力对于劫持者来说充满了极大的吸引力，特别是对于为了追求制造轰动效应的组织和个人来说，这种新型犯罪模式尤其受青睐，甚至一些希望解决民族矛盾问题、种族仇恨问题、政治冲突问题的组织和个人以及一些重大恶性犯罪集团等都纷纷把劫持民用航空器作为寻求政治社会效应、实施犯罪的最佳途径和方式。

（一）以叛逃为主要目的劫持阶段（1931~1960 年）

1931 年，秘鲁发生了世界上首次劫机事件，自此之后，世界各地不断发生各种劫持民用航空器案件。在近 30 年的这一阶段中，世界各地发生的劫持民用航空器案件，绝大多数劫机动机都是利用劫持的民用航空器叛逃至敌方阵营或领地，如 1947 年罗马尼亚一架从布加勒斯特到克罗地亚的航班被三名寻求政治庇护的军官劫持等。此外，当时东欧一些国家的年轻人，因为羡慕西方国家的经济繁荣和生活方式，也铤而走险通过劫持民用飞机作为叛逃的交通工具。据不完全统计，在 1947 年至 1953 年六年间，世界各地发生劫持民用航空器的案件有 22 起，其中 20 起劫持案件是从东欧国家劫持民用航空器逃往西欧发达国家或地区，占比高达近九成。

在这些以叛逃为目的的劫持民用航空器的案件中，因为劫机者的动机主要是利用民用航空器作为交通工具，所以一旦目的得以实现，除发生在 1948 年的两起劫机事件以

---

① 李德信. Hijack（劫机）的由来. 语言教育，2002（2）：34.

外，大多数往往不会破坏民用航空器并会释放作为人质的机上乘客。

（二）以政治性为主要目的劫持阶段（1961~2000年）

在这40年的时间里，全球经济快速发展，国际政治经济局势也日渐复杂，民族性、宗教性矛盾处于多发频发易发状态，特别是反政府组织和极端组织在一些国家和地区出现并逐渐形成规模，开始寻求政治效应。这个阶段的国际形势反映在民用航空领域中的突出特点就是，劫持民用航空器的政治诉求表现得越来越明显。从某种意义上说，这个阶段劫机成为达成或追求某种政治目的的重要手段、重要方式和实现途径，具体表现为劫持民用航空器事件数量猛增，劫机目的政治色彩浓厚，劫机事件处置难度剧增。

在这一期间，还出现了一个世界范围内劫持民用航空器的高潮，可以称得上是"劫机潮"。自1967年到1976年短短9年的时间里，世界各地累计发生劫持民用航空器事件近400起，平均每年40余起，每月3~4起，劫机事件在全球范围内造成了一定的紧张恐慌情绪。综合分析，该阶段劫机潮出现的主要原因及其特点有以下几点：

一是民用航空运管水平较低。当时，民用航空企业和政府有关部门在地面控制和空中防控等方面疏于管理，存在相应的安全管理漏洞。二是暴力型劫机特征明显。绝大多数劫机者均采用携带武器、爆炸物、管制凶器等实施劫机行为，且大量存在不计后果、发泄不满情绪等劫机事件，后果严重。三是跨国型劫机犯罪活动出现。四是团伙型劫机事件多发。伴随劫机事件的多发频发，一次劫机事件中劫持多架民用航空器的劫持事件也随之增多，其中最为典型的是发生在1970年9月6日的团伙型劫机事件，当时劫机者同时劫持了4架属于不同航空公司的民用客机。五是"以暴制暴"的处置方式受追捧。世界范围内的劫机事件频发多发易发，倒逼出处置劫机事件方式的多样化，这一时期"以暴制暴"的解决方式出现。从1977年到21世纪初，世界各国纷纷强化地面安全检查和空中民航犯罪防控，整体而言劫机事件相对下降，但由于防控措施不够完备、制度执行不够彻底、安全意识不够强，劫机事件仍然时有发生，就同期劫机事件的处置方式而言，非暴力处置方式越来越难以取得效果，"以暴制暴"的处置方式在万般无奈中成为全球范围内处置方式的首选。采用"以暴制暴"的处置方式，如果处置得当，处理劫机事件的效果较为理想。

（三）以恐怖性活动为主要目的劫持阶段（2001年以来）

21世纪以来，世界民航产业迅猛发展，世界各地民用航空班机数量猛增，机场建设和投入使用量显著增加，民航安全投入加大，国际航空网络布局更加合理，整体而言民航产业进入了行业发展的鼎盛时期。在民航产业迅猛发展的同时，民航反恐怖主义形势却不容乐观，特别是2001年9月11日在美国本土发生了震惊世界的"9·11"事件。"9·11"事件给全球民用航空事业敲响了警钟，同时引起国际民航组织和世界各国对民航业安全的高度重视，国际民航组织迅速行动，在国际民航第33届大会上通过了A33-1号决议。包括中国在内的世界各国，纷纷加大航空安保投入，中、英、法、以、澳等国相继组建空中警察队伍，其他国家也纷纷加强空中安保力量登机执勤。世界各国共同的努力和投入，在一定程度上有效预防了劫机事件的发生，特别是利用劫持民用航空器实施恐怖主义事件的发生。

二、民航劫机案件的特点及发展趋势

民航劫机案件是在一定的政治、经济、社会、文化背景下产生的，无论是犯罪数量、类型、方式、方法还是社会影响等，都与其他犯罪形式有着显著不同的特点，劫机案件的特点会随着政治、经济、社会、文化的发展变化而不断变化。据不完全统计，到目前为止，世界各地累计发生1000多起劫持民用航空器犯罪案件，我国民航从1977年至2017年间累计发生近60起劫机案件。通过对大量劫机案件资料的汇总与特点分析，可以从中发现劫机案件产生的历史轨迹与规律，并以此在可预见的时期内分析预测劫机案件的大致趋势和走向。

（一）作案方式组织化

自民用航空诞生以来，与之相关的各种产业也在不断完善，安防安保设备在技术上不断升级、在性能上不断优化，世界各国对航空业的重视程度也越来越高。日趋完善的航空安保系统、愈加制度化和规范化的运行管理，使得劫机事件发生的可能性越来越小，单打独斗式劫机的成功率更是大大降低，因此劫机事件中犯罪主体也呈现出由个体向团伙化、集团化、组织化发展的趋势，危害性也更加深远。历史上劫机人数最多的一次发生在美国，1980年8月29日，168名劫机者登上了由利马飞往洛杉矶的航班，他们要求飞机飞往迈阿密，否则就烧毁飞机。

犯罪主体的团伙化、集团化和组织化，给反劫机工作带来了巨大难题和挑战，客观上造成了劫机犯罪的高得逞率。对已有数据的分析显示，在836起劫机方式较为明确的劫机事件中，个体劫机案件465起，占比55.6%，其中劫机得逞（既遂）案件191起，得逞率41%；组织化劫机事件371起，占比44.4%，其中劫机得逞（既遂）案件283起，得逞率76%。由此可以看出，团伙型组织化劫机案件发案率占比较低，但由于组织化劫机犯罪中劫机者之间一般有预谋、有配合，因此得逞率高出个体劫机案件近一倍，特别是近30年的劫机案件中，有组织的劫机案件明显呈上升趋势。

（二）犯罪工具隐蔽化

劫机事件发生以来，随着打击力度的加大，劫机方式、劫机手段、劫机工具等发生了很大变化，特别是劫机工具由最初使用传统的冷兵器正逐步向使用易燃易爆物品和讹诈方式的方向发展。以20世纪70年代为转折点，此前劫机犯罪分子多使用武器、刀具等传统工具实施劫机；在此之后，由于国际航空安保业快速发展，安保能力、水平获得较大提升，航空安保制度不断完善，安全检查日益科学规范，大大降低了劫机者携带和使用武器、刀具的空间和可能性，劫机犯罪分子被迫改变手段，有的使用隐蔽性较强、不易被安检仪器设备检查出来的非金属易燃易爆物品或危险性溶液实施劫机；有的劫机者甚至不携带任何武器、工具，仅仅通过谎称携带炸药，使用此类恐吓性的"假武器"讹诈劫机。随着民航安检设备的不断引入以及安检程序的不断严格和完善，使用"假武器"讹诈劫机案件数量大幅增加，在20世纪70年代占同期劫机案件的31%，到了80年代此类案件的占比已经增加到38%。

（三）劫机手段智能化

目前，世界各地的机场为了应对劫机事件和维护机场的正常运转，都纷纷加大了对安检设备的投入和使用，科学技术的突飞猛进也给安检提供了功能多样、便捷高效的设备仪器，金属武器、刀具携带越来越难，传统意义上一般手段劫机案件发生的可能性越来越小。与此同时，劫机者采用的劫机手段和方式也发生了改变，违规携带违禁品的方式变得更加隐蔽，手段变化多端，智能化成分显著增加。特别是团伙化劫机案件，团伙成员之间沟通密谋方式越来越隐蔽，互联网、即时通信工具的兴起也给民航公安部门侦查、防范等工作提出了挑战。

（四）地面劫机多发化

随着安检技术的进步和空中安保力量的不断增强，空中劫持民用航空器的难度不断增加，把劫持的民用航空器作为交通工具的动机类劫机者也越来越少，因此在近年来的劫机事件中，地面化劫持案件比例日渐增加。从已有案件来看，地面劫持民用航空器的占比约为10%，虽然在劫机总数中占比不高，但这却是一个新的动向。尤其是自1985年以来，地面劫机数量正在逐渐上升，特别是1986年、1987年两年间共计发生地面劫机案件6起，占同期发生的17起劫机事件的35.3%。1986年9月5日，美国泛美航空公司73号航班在巴基斯坦卡拉奇国际机场遭到劫持；1994年12月25日，法国航空公司8969次航班在阿尔及利亚机场被劫持。地面劫机事件的多发给地面安保和机场安检以及机场管理提出了更高、更严的要求，世界各地的机场目前都在封闭化运营和智能化安检等方面进行了大量探索和有益尝试，尽量预防和减少劫机事件的发生。

（五）暴恐趋势常态化

就全世界而言，伴随着国际政治、经济、社会、文化等形势的变化，劫机案件正朝着暴力恐怖主义方向发展。值得一提的就是2001年美国发生的"9·11"恐怖袭击事件，该事件发生之后，全球各国政府和民众开始清醒地认识到，劫机犯罪已经不再单纯是劫持飞机或者劫持人质以达到改变飞行目的地的目的或者要挟政府当局满足劫机者条件的典型犯罪形式了，而是正在转变为恐怖主义活动的工具和手段，以非常规自杀式的劫持方式实施恐怖主义犯罪。近年来，世界各国也越来越重视对恐怖型劫机事件或恐怖事件信息的收集、预防、研判和打击，但恐怖型劫机活动在全球仍呈现蔓延态势，恐怖型劫机案件日趋复杂化。例如，2006年8月10日，英国希斯罗机场发生恐怖劫机未遂案件，恐怖分子在英国图谋炸毁6架从英国飞往美国的航班，如果没有被挫败，后果将堪比"9·11"事件。就我国而言，我国政府和有关部门高度重视反劫机工作，但仍存在恐怖主义势力实施恐怖型劫机的可能性。

【问题思考】

请查阅相关民航安保法律法规，分析国际民航安保公约关于非法干扰行为的相关规定。

三、国际反劫机与民航安保立法实践

由于民用航空运输业具有跨国性乃至洲际性等特点，在打击劫机犯罪上存在协调力量、互通信息、法律制度等方面的实际困难，特别是劫机犯罪往往带有浓厚的政治色彩。与此同时，在司法管辖权和起诉权方面，国际法中没有明确的相关条文和先例。这一切使得国际社会和民航界迫切需要寻求可行性的破解之道，于是通过国际会议签署国际公约，以成文国际法的方式预防和打击劫持航空器犯罪就成了国际民航组织的首选。

（一）《东京公约》

为了明确和统一在飞行中的飞机上发生劫持事件等非法暴力行为的处理原则，1963年9月14日，国际民航组织在东京召开国际航空法会议，与会各方共同商讨并签订了《关于在航空器内的犯罪和其他某些行为的公约》（Convention on offences and certain other acts committed on board aircraft），简称《东京公约》。该公约于同年12月4日正式生效，截至目前已有100多个国家加入。1978年11月14日，我国正式交存加入书，1979年2月12日对中国生效。

《东京公约》是国际法上首次明确建立了民用航空器登记国，对发生在飞行中的航空器上的犯罪行为拥有司法管辖权的公约。该公约详尽规定了适用范围，对司法管辖权进行了定义，明确了机长的权力和"空中劫持"的时间段，规定了航空器降落国的权利和义务。这些规定主要是为了更好地解决在国际民用航空器上发生的犯罪案件的刑事管辖权问题、机长的责任以及各缔约国相互协助的责任等问题，避免产生刑事管辖权的漏洞或空白，进而预防和打击劫机犯罪。

《东京公约》是就劫持事件在全球范围内首次制定的一个公约，虽然对被劫持飞机的恢复管理作出了规定，但公约没有以空中劫持作为主要对象，因而在如何更好地解决空中劫机产生的诸多问题上存在不足。《东京公约》对劫机犯罪和劫机行为仅作了相对笼统的概念界定，并没有以规范性定义的方式对公约的适用性或针对犯罪作出明确定义。此外，由于没有规定对劫机犯罪进行惩治的具体措施，没有强调对于劫机犯的引渡义务，因此导致公约在打击政治性劫机犯罪方面效果甚微，甚至出现了政治性劫机犯罪在公约公开签字后不降反升的现象。尤其是20世纪60年代末，劫机事件蔓延到全世界，劫机犯罪一度达到了高潮，1968年一年就发生劫机事件30起，到了1969年劫机事件甚至破天荒地发生了91起，如此高发的劫机事件引起了国际社会的普遍关注。在这种情形下，《海牙公约》便应运而生了。

（二）《海牙公约》

为积极应对、妥善解决世界各地多发频发的劫机事件，弥补《东京公约》存在的不足，在国际民航组织的指定下，准备起草新的法律文件的专门小组于1969年正式成立。1970年3月，在国际民航组织本部所在地蒙特利尔召开的法律委员会第17次会议上，拟订了新公约——《关于制止非法劫持航空器的公约》的草案，简称《海牙公约》。1970年12月1日，在联合国的敦促下，国际民航组织在海牙召开了有77个国家代表参加的外交会议，对草案进行了修改，并于12月16日签订了《海牙公约》。《海牙公约》是专门针对劫持航空器的犯罪行为制定的国际公约。1980年9月10日，中国加入《海牙公约》，同年10月10日对中国生效。

《海牙公约》明确提出了非法劫持航空器罪，并对非法劫持航空器罪进行了定义，要求各缔约国都要把非法劫持航空器的行为作为一种严重性犯罪，而不是一种可以得到庇护的政治性犯罪，并且应该予以严厉的处罚；进一步明确了管辖权，各国享有普遍管辖权，推翻了仅限于航空器登记国享有管辖权和租借航空器的使用国享有管辖权等局限性规定，更加强调了缔约国的义务；确立了"或引渡或起诉"的原则，任何发现所谓的罪犯的国家都有权拘留他并将其引渡到航空器登记国或将案件移交。《海牙公约》最重要的成果是使犯罪者没有可以躲避的场所，在世界的任何一个角落都将被起诉或被引渡。

《海牙公约》惩治的犯罪主要针对非法劫持或控制正在飞行中的航空器，但对于直接破坏航空器的犯罪，甚至破坏机场地面上正在使用中的航空器及其航行设施等犯罪没有相关的条文规定。由此可见，虽然《海牙公约》的签订，相对于《东京公约》而言有了很大的进步并取得了相当大的成果，但面对日趋复杂、日渐多样化的危害航空器及乘客安全犯罪的形式和手段，《海牙公约》显然也难以满足维护国际民用航空运输安全的实际需要。这时，全球各国对新的国际民航安全公约寄予了厚望。

（三）《蒙特利尔公约》

针对犯罪行为的多样性、手段形式的多样化，《海牙公约》自身存在的不足使得它难以充分起到维护国际民用航空运输安全的重要作用。特别是在1970年2月，正当国际民航组织法律委员会举行第17次会议讨论草拟《海牙公约》时，在2月21日同一天接连发生了两起在飞机上秘密放置炸弹引发客机空中爆炸的事件，震撼了整个国际社会和民航界。与此同时，也严重暴露出了《海牙公约》在有效震慑、惩治各种危害民用航空安全犯罪行为方面还存在严重不足，使得国际社会进一步意识到仍需制定一个内容更广、惩治措施更全、效果更为明显的国际民用航空公约，以更好地维护国际民用航空运输的安全。

在此背景下，1970年9月，国际民航组织法律委员会第18次会议在伦敦隆重召开，并拟订了公约草案。1971年9月23日，在加拿大魁北克蒙特利尔外交会议上制定了《蒙特利尔公约》。《蒙特利尔公约》全称为《关于制止危害民用航空安全的非法行为的公约》（The Convention for the Suppression of Unlawful Acts Against the Safety of Civil Aviation），于1973年1月26日生效。1980年9月10日，中国加入《蒙特利尔公约》，同时声明中国政府将不受关于将争端提交国际法院的规定的约束，同年10月10日《蒙特利尔公约》对中国生效。

《蒙特利尔公约》拓展了对劫机犯罪的界定范围，不再将劫机犯罪局限于"空中"和"劫持"，而是相对科学地规定了应受严厉惩罚的犯罪行为不仅包括对"正在飞行中"的航空器上的人实施的暴力行为、破坏或损坏航空器行为，还包括针对"在使用中"的航空器上放置可以破坏该航空器或损坏航行设备的装置或物质，或是传送假消息而危害飞行中的航空器安全的行为。《蒙特利尔公约》最主要的贡献在于，首次在公约中规定了直接破坏飞行中航空器的行为，以及破坏机场地面上正在使用中的航空器及其航行设施行为等都是犯罪行为，都应该受到严厉打击和惩处，在劫机犯罪定义上不再将劫持航空器犯罪仅局限于发生在"飞行过程中"的劫持犯罪，而将其定义做了很大程度的拓展，正是由于这一拓展使得公约内容具有更加广泛的适用性，在反劫机犯罪上具有了划时代的意义。《蒙特利尔公约》还进一步明确了各个缔约国关于上述罪行的惩治责任，并对航空器的飞行和使用进行了明确界定。

《蒙特利尔公约》的主要目的是通过国际合作，共同打击破坏航空运输安全的犯罪行为。在公约条款中，首次提出"非法干扰行为"的概念，并在公约第1条详细规定了非法干扰行为的各种表现形式，有效弥补了《东京公约》和《海牙公约》的不足，充分发挥了公约在打击和惩处危害民用航空运输安全犯罪方面的作用。

（四）《蒙特利尔公约补充议定书》

《蒙特利尔公约》虽然较之《海牙公约》扩大了罪行规定范围，使其既包括"在飞行中"的航空器内所犯罪行，也包括"在使用中"的航空器内所犯罪行；既包括直接针对航空器本身的罪行，也包括针对航空设备的罪行，但该公约没有规定对机场内服务人员和设备的犯罪以及破坏机场上未使用的航空器的犯罪，即危害机场安全的犯罪。这种犯罪也常有发生。例如，1973年8月，在希腊雅典机场，正当旅客排队安检时，两名恐怖分子投掷手榴弹，当场炸死5人，炸伤55人。为了防止、制止和惩处这类犯罪行为，1988年2月21日国际社会又在蒙特利尔签订了《蒙特利尔公约补充议定书》。该议定书第2条规定了犯罪的行为方式，旨在保护国际民用航空机场内的服务人员、设备及其未使用的航空器的安全，将危害国际民用航空机场安全的暴力行为规定为一种国际犯罪。

该议定书进一步扩展了《蒙特利尔公约》对犯罪行为的规定，将发生在服务于国际民用航空的机场上的犯罪以及针对机场上未在使用中的航空器的攻击包含进来，是对规范航空安全法律体系的一个有效的贡献。

（五）《关于在可塑炸药中添加识别剂以便侦测的公约》

20世纪80年代末90年代初，恐怖主义袭击开始在国际社会广泛出现，国际民航组织及其缔约国"意识到恐怖主义的行为对世界安全的影响，对以摧毁航空器、其他运输工具以及其他目标为目的的恐怖行为表示严重关切，对利用塑性炸药实施此类恐怖行为十分忧虑"，"鉴于注标塑性炸药便于探测，对防止此类非法行为具有重要意义；认为为防止此类行为的发生，需要紧急制订一个国际文件，使各国承担义务、采取适当措施，以确保塑性炸药按照规定标注"。于是，1991年3月1日，国际民航组织各缔约国在加拿大蒙特利尔订立了《关于在可塑炸药中添加识别剂以便侦测的公约》。

在该公约中，"炸弹"是指"通常称之为'塑性炸药'的爆炸性产品，包括本公约的技术附件所列明的呈柔韧性或富有弹性叶片状爆炸物"。"探测元素"是指本公约的技术附件所列明的物质，添加到炸药中使之具有可探测性。"注标"是指按照公约的技术附件给炸药添加探测元素。"生产国"是指在其领土上制造炸药的任何国家。

该公约规定："每一缔约国应采取必要的和有效的措施，禁止和阻止在其领土上制造非注标炸药。""每一缔约国应采取必要措施，对于占有或转让在本公约对该国生效之前在其领土上制造或输入其领土的非注标炸药实施严格的和有效的监管，以便阻止转移或用于与本公约宗旨相违背的目的。"

《关于在可塑炸药中添加识别剂以便侦测的公约》的制定，是国际民航组织及各缔约国针对新出现的恐怖主义爆炸性劫机行为所采取的一种约束性、预防性的国际法对策。大量的事实证明，仅凭一个国际公约，很难打击、制约和控制恐怖主义劫机行为。

因此，各缔约国又以国家法为基础，结合本国国情和实际情况，制定了关于打击和惩治恐怖主义的国内法律法规。

（六）《北京公约》和《北京议定书》

国际民航组织国际航空保安公约外交大会于2010年8月30日在北京召开，大会历时12天，并在9月10日审议通过了《北京公约》和《北京议定书》。该公约及其议定书是国际反恐公约的重要组成部分，也是民航史上第一个以中国城市命名的国际公约，对有效保护旅客的生命和财产安全提供了强有力的法律保障。

《北京公约》和《北京议定书》针对新的反恐形势和航空犯罪手段，扩大了对航空犯罪的打击范围，增加了打击力度。该公约和议定书为加强国际合作和交流翻开了新的篇章，进一步加强了国家管辖权界定及对于军事适用问题方面的规定。《北京公约》和《北京议定书》是国际民航界反恐怖劫机的新成果，是对先前国际公约的强制性和交互性的深度补充和完善。

第二节　危情沟通概述

在世界民航史上，针对民用航空中出现的劫持犯罪事件，刚开始各国政府及相关部门为了显示其实力，都以纯武力来进行处置，但结果是付出了惨重的代价。这种血的教训告诉大家，在处置这类危机事件时，切不可单纯地"以暴制暴"，否则后果将不堪设想。考虑到一架飞机上满载数以百计的乘客，加上飞机的资本价值，为避免引发一系列极为恶劣的后果，缓和矛盾冲突，很多国家在处置劫持犯罪事件时都采取了一种局部妥协式的沟通模式。

一、危情沟通的含义

目前，在国内民航方面的文献资料中，反劫持谈判只是作为一种操作方案偶有提及，尚没有成型理论和概念。鉴于在劫持民用航空器的犯罪过程中，犯罪分子多采取劫持机组人员或乘客作为人质，要挟飞机驾驶员改降他地或威胁炸机，要求政府或个人满足其要求的作案方式，本教材根据民航危机事件特点，结合航空安保和危机处置理念，提出民航反劫机的危情沟通概念，并借鉴中国人民公安大学王大伟教授和广东警官学院张明刚教授关于警务危机谈判的内涵、理念等以及国内关于人质危机与反劫持谈判的研究成果，将危情沟通定义为：在民航劫持犯罪事件发生后，个体或组织为了减轻和降低危机造成的破坏程度或争取和平解决事件，通过展开对话，与危机制造者进行沟通协商的过程。即双方进行直接对话，以充分进行相互了解、彼此协商、达成共识，在以满足相关条件作为前提的状态下，解除危机或降低危害程度的行为过程。

本教材中，危情沟通主要应用于突发民航危机事件的前期介入或突发危机事件中的处置谈判。民航危机事件主要是指危害民航安全的非法干扰行为，不仅包括针对"飞行中"和"使用中"的航空器的非法行为，也包括对保障民航正常运行必备的航空设备的破坏行为；危情沟通实施者是民航管理与服务人员，包括地面勤务人员、空中乘务人员和空中安全保卫人员等。危情沟通具有一定程度的对抗性和策略性，根本目的在于通过对话把握危机事件制造者的行为与心理特点，最大限度地保护国家财产安全和人民群众生命安全。

据不完全统计，以协商和谈判为手段，在解决相关民航劫持事件中，生命存活率高达98%以上，飞机保存率为100%，大大降低了劫机事件中的财产损失与生命代价。由此也可以看出，不论在何时、何地发生劫持事件，采用谈判协商模式来缓和矛盾、防止危机升级是首选。即使是恐怖劫持犯罪发生，为了赢得时间，也必须进行必要的谈判，从中找到有利于解决危机的方法和机会。

【问题思考】
危情沟通是否属于民航反劫持战术中的一种？其适用范围有哪些？

二、民航劫持犯罪事件的范围

民航劫持犯罪事件主要是指危害民航安全的劫持飞机、劫持民航设施以及恐怖劫持等活动。具体手段或实现目的的方式主要有如下几种：

（一）劫持乘客或机组人员

就目前世界民航安全情况而言，劫机犯罪有单个劫持者对机上单个乘客或机组人员的劫持，单个劫持者对多名机上乘客或机组人员的劫持，多个劫持者对多个机上乘客或机组人员的劫持三种。

（二）劫持民用航空设备设施

劫持者为了达到自己的目的，携带爆炸物进入到民航机场或设施内，以炸毁公共设施的手段来胁迫政府或民航人员让步。

（三）劫持行为人对自我劫持

劫持者因为复杂的社会因素或个人的生活原因，在被逼无奈的情形或现实态势下，在飞机上以自我威胁生命的方式进行要挟，如不满足其要求，就会以极端的行为自我消灭生命。例如，2016年3月29日，埃及航空公司一架从亚历山大飞往首都开罗的航班被一名男子劫持。该男子声称腰缠炸弹，要求客机降落在塞浦路斯南部滨海城市拉纳卡机场，目的是要去见其前妻。

【问题思考】
请谈一谈危情沟通的作用有哪些？

三、危情沟通的功能

危情沟通是一种特殊的沟通协商模式，它既不同于一般性的劝说，也不同于政治、军事、外交、经济类谈判，它是以"沟通双方地位不对等，且进入沟通状态是非自主性"为主要表现的，对民航处置危机事件过程中收集信息、争取时间、改变被动局面等具有重要的价值和意义。

（一）降低危害程度

在民航反劫机过程中，武力处置劫持犯罪事件最大的问题是"投鼠忌器"。由于机上空间狭小，武力处置难度较大，如果武力使用不足，就不能迅速制服劫持者，难以保障机上人员与飞机的安全。通过与劫持者建立沟通关系，尽量改变劫持者的情绪、态度和行为，进而以尽可能小的代价解决危机事件，降低或减轻危害程度。

（二）延缓暴力行为

通过与劫持者展开对话交流，一方面可以将劫持者的注意力从劫持对象或其他事物身上吸引过来；另一方面还可以通过一些细节性问题的深入探讨，使劫持者的暴力行为得到延缓，从而减缓危机事件发展的速度，减轻乘客和机组人员的精神压力。

（三）收集有利信息

危机事件一旦发生，为便于制定或实施处置措施，需要明确和评估事件风险程度。劫持者的话语承载着大量的信息，这也是处置人员了解劫持者的重要渠道。通过与危机事件行为人对话，可以充分了解事件的前因后果、身份背景、动机目的、心理状态、精神状况及智力水平和犯罪工具等。这些将为危情沟通人员或前期介入者采取沟通策略及分析研判态势提供支撑，也为后方团队调查劫持者身份以及制定恰当的处置策略提供保障。

（四）创造处置条件

危情沟通是民航危机事件处置的一种手段或策略，即使危机事件最终是以武力解决的，也并不意味着危情沟通的失败，为武力攻击争取时间和为武力处置创造机会也是危情沟通的重要价值之一。借助沟通协商，为武力处置人员争取时间，同时通过不断引导劫持者进行交流，随时把握劫持者动态，促使劫持者出现防卫与控制上的破绽，为武力处置创造条件。

四、危情沟通的原则

为确保民航劫持犯罪案件处置的效果，尽可能实现零伤亡或以最小的代价解决危机，危机介入人员在进行沟通时必须遵循以下基本原则：

（一）确保安全，生命至上

"确保安全，生命至上"原则，是危情沟通的首要原则。该原则中的"生命"，既包括被劫持者的生命、航班其他旅客的生命、机上工作人员的生命，也包括劫持者的生命。解救人质与制服劫持者是相互联系又相互制约的，如果不考虑被劫持者的生命安全，制服劫持者是很容易的，若要在保障被劫持者安全的前提下制服劫持者，那么制敌的时间、方式乃至地点选择就会受到限制。拯救被劫持者的行为，都要建立在尊重生命的基础上。因此，在该原则下，制服劫持者是以保证被劫持者的生命为先决条件的。"安全"，不单指生命安全，也包括财产安全，指的是确保乘客生命安全与飞机安全。通过沟通，争取危机事件和平解决，避免或减少人员伤亡和财产损失，或者通过采取战术性策略配合武力处置人员解决危机事件，使人员伤亡和财产损失的危险降至最低。安全、和平地解决危机事件，保护现场相关人员的安全，是危情沟通工作追求的最高目标。

（二）大局意识，团队协作

危机现场的沟通协商不仅是语言应对的过程，也是整个现场处置力量密切配合的过程。团队协作原则要求危情沟通必须以团队形式进行。面对民航危机事件，尤其是劫机事件发生时，进行危情沟通的人员可能是机上乘务员或其他机组人员。在这个过程中，危情沟通介入者既要与劫持者进行对话，又要处理许多与对话密切相关而自己又不可能全部知晓或控制的事务，因此必须要借助机组或团队其他人员的协助和支持。

民航反劫持危情沟通团队，可以借鉴《危机谈判》一书所构建的警务危机谈判团队建制。《危机谈判》一书提到，目前我国危机谈判组沿用香港建制，分为组长、谈判员、策略员、记录员、联络员和物料供应员六个角色。在警务谈判过程中，组长负责分配、调派工作岗位，与现场不同的部门协商部署行动；谈判员，顾名思义，就是要负责谈判工作；策略员负责提供策略给谈判员，使谈判工作尽快完成；联络员主要负责收集有关劫持者和被劫持者的资料，让谈判员可以利用这些资料与对方沟通，从而进行有效的谈判；记录员主要负责汇总信息与情报，并将重要信息进行传递和记录；物料供应员负责供应有关谈判工作需要的一切物品，如劫持者要求的食物、饮料等。此外，《危机谈判》一书指出，在警务危机谈判过程中需要收集的资料包括但不仅限于：劫持者的情况（人数、姓名、性别和背景等）、被劫持者的情况（人数、姓名、性别、背景以及是否受伤）、事件起因（劫持行为发生的原因和目的以及与劫持者的关系）、事态现状（外围控制、内围控制、劫持者有无伤害行为、双方的精神状态）、劫持者重要关系人及联系方式、劫持者提出的要求、劫持者的武器、劫持场所的特点等。

针对民航劫持事件，尤其是空中劫机事件，由于机组人员数量较少，建议由两人建立危情沟通团队，一人为沟通主力，一人为协作助手，其中协作助手具有警务谈判中策略员和其他分工人员的职责。团队协作还要求危情沟通人员应具有服从大局的观念。解决危机的手段和模式有很多，危情沟通只是其中一种，最终选用哪一种手段解决危机，要视危机事件的具体特点和发展状况决定。民航工作人员要具有全局观念，服从事件的整体处置要求，当接到武力攻击指令或暗示时，应坚决服从并执行，立即转为战术性沟通模式，积极配合武力攻击人员实施攻击计划。

（三）双线发展，力求智取

双线发展，是指在危机事件处置过程中，和平解决与武力处置两种手段准备同时进行。危情沟通是一种攻心之术，是一种智取的方式，但并非每次都能达到或实现这样的功效。因此，危情沟通在为武力处置创造条件的同时，武力准备也为危情沟通提供强有力的保障。在危情沟通主导阶段，团队人员要积极准备武力攻击行动，确保攻击行动可以随时发起；在武力攻击主导阶段，危情沟通人员要积极配合攻击行动，实现攻击目的。在危机事件处理中，两种手段有机配合，可以使危机处理工作更加有效、主动和合理。

（四）人事分离，构建双赢

在展开对话的过程中，由于双方的立场不同、目标不同以及刻板印象或先入为主的一些观念，很容易对沟通对象产生不良印象或误解歪曲对方讲话内容。很多危机事件的发生都是由一定的原因导致的，劫持者可能是出于贪婪的欲望，也可能是无奈之举或莽撞冲动，因此在沟通过程中，危机处置相关人员要尽可能把人和事分开来处理，对事不对人，对沟通对象保持应有的尊严和人格上的尊重，尽量避免先入为主或刻板印象等偏见的影响。同时，以减轻或降低危害程度为目的，着眼于当前危机处置的目标和利益而非立场，提出对双方都有益的选择方案，坚持使用一定的客观标准。

同步练习

1. 简述民航安全现状。
2. 什么是危情沟通？
3. 危情沟通的功能有哪些？
4. 概述危情沟通需要遵循的原则。
5. 阅读拓展阅读提供的资料并进行详细查阅，分析诱发我国劫机事件的主要原因有哪些？

拓展阅读

劫持航空器事件统计[①]

（一）各时期国际劫机事件统计分析

1. 20世纪40年代末到50年代末。共发生39起劫机事件，平均每年3.3起，共造成50人遇难，平均遇难人数为每年4.2人。由于这些劫机事件发生在局部地区，而且造成的伤害比较小，所以并没有受到世界各国的重视。后果最为严重的一次发生在1948年7月16日。这天下午，国泰航空公司一架由澳门飞往香港的航班在飞行途中被劫持，当时4名劫机者相信，这架名为"澳门小姐"的水上飞机有黄金，因此实施劫机，但遭遇乘客激烈反抗，最后劫机者枪杀飞机驾驶员和副驾驶员，飞机随即失控最后坠毁在海中，造成25人遇难。这次事件是史上首宗非政治性劫机事件，亦是全球首宗导致坠机的劫机事件。

表1-1 20世纪40年代末至50年代末劫机事件统计

（单位：起、人）

年份	1948	1949	1950	1951	1952	1953	1954	1955	1956	1957	1958	1959
劫机事件	7	7	4	1	4	0	1	0	2	0	6	6
遇难人数	26	1	0	0	2	0	1	0	1	0	18	1

2. 20世纪60年代。从1960年到1969年共发生劫机事件149起，平均每年14.9起，遇难人数15人，平均每年遇难人数为1.5人，波及范围和发生频率大大提高。其中，仅1968年、1969年两年时间就发生115起，区域也已遍及全球五大洲各区域。

---

① 顾伟芳. 航空安保基础与管理实践. 中国民航出版社，2015：43-52.

表1-2 20世纪60年代劫机事件统计

（单位：起、人）

年份	1960	1961	1962	1963	1964	1965	1966	1967	1968	1969
劫机事件	8	10	1	1	0	5	4	4	29	86
遇难人数	3	3	0	0	0	1	2	0	1	5

3. 20世纪70年代。该时期，劫机事件仍然居高不下，最为典型的是1970年9月6日发生的劫机事件。环球航空公司的波音707型飞机、瑞士航空公司的DC-8型飞机、以色列航空公司的波音707型飞机和泛美航空公司的波音747型飞机4架飞机同时被劫持。飞机上的警备人员同劫机者展开枪战后，除了一起劫机事件中劫机者被制服，其余3起劫机事件均被劫机者劫往目的地并在约旦的英国空军基地强行着陆成功。着陆后，全体乘客被解救，3架飞机被同时爆破。这是一起由巴勒斯坦人民解放阵线策划组织的劫机事件，目的在于解救被关押的同伴。虽然经过艰苦的谈判，在满足劫机者的要求后，没有人员伤亡，但国际影响极大，此事波及英国、瑞士、美国、以色列、德国、约旦等多个国家。根据有关数据显示，10年期间共发生劫机事件347起，共有346人遇难，仅1970年一年内就发生77起，劫机危害程度剧增。例如，1973年5月18日，一架图-104航班被一名乘客劫持，要求飞往中国，劫机者携带的爆炸装置在飞行中被引爆，导致机上82人全部遇难；1974年9月15日，越南航空公司一架飞机被一名手持两枚手榴弹的乘客劫持，后此人引爆了手榴弹，飞机坠毁，机上75人全部遇难；1977年12月4日，马来西亚航空公司一架航班号是653的波音737客机被一名男子胁持，最后飞机坠毁，机上100人全部遇难。

表1-3 20世纪70年代劫机事件统计

（单位：起、人）

年份	1970	1971	1972	1973	1974	1975	1976	1977	1978	1979
劫机事件	77	53	58	23	21	19	16	32	25	23
遇难人数	7	7	25	88	84	2	15	114	3	1

4. 20世纪80年代。随着国际社会对劫机事件打击力度的不断增大，20世纪80年代共发生231起，比20世纪70年代有所减少，遇难人数219人，也比20世纪70年代有所降低。

表1-4 20世纪80年代劫机事件统计

（单位：起、人）

年份	1980	1981	1982	1983	1984	1985	1986	1987	1988	1989
劫机事件	37	31	31	35	26	26	7	8	15	15
遇难人数	1	6	1	12	32	65	87	2	12	1

5. 20世纪90年代。该时期，国际政治格局有所缓和，劫机事件数量总体减少，共发生195起，有237人遇难。其中，损失最为严重的一次发生在1996年的11月23日。这一天，埃塞俄比亚航空公司的961号航班从亚德斯亚贝巴起飞，经内罗毕、布拉柴维尔和拉各斯前往阿比让。在飞机进入肯尼亚上空后不久，有3名乘客闯入驾驶舱，声称有炸弹要劫机，然后殴打副驾驶，并命令驾驶员飞往澳洲。飞机驾驶员告知对方燃料不足以飞到澳洲，但劫机者不信，驾驶员于是沿着非洲海岸飞行，让飞机尽量靠近陆地和沿途的机场。在飞机燃料告急并有两具引擎已失去动力的情况下，驾驶员建议紧急降落，但劫机者不同意，最后因燃油耗尽，驾驶员试图在海面迫降时，飞机解体，机上125人遇难。

表1-5 20世纪90年代劫机事件统计

（单位：起、人）

年份	1990	1991	1992	1993	1994	1995	1996	1997	1998	1999
劫机事件	36	20	11	36	27	10	16	12	14	13
遇难人数	86	6	4	4	8	0	125	1	1	2

6. 21世纪初。"9·11"事件的发生，使世界各国意识到劫机事件已经进入了新的阶段，21世纪的航空安保工作面临更为严峻的挑战。尽管如此，随着世界民航的蓬勃发展，经过全世界人民的不懈努力，预防与惩治劫机已取得显著成效。

表1-6 2000年至2013年劫机事件统计

（单位：起、人）

年份	2000	2001	2002	2003	2004	2005	2006	2007	2008	2009	2010	2011	2012	2013
劫机事件	26	11	10	9	4	1	3	6	3	4	1	1	1	1
遇难人数	5	2893	2	0	0	0	0	0	0	0	0	0	2	0

（二）我国劫机事件统计

自中华人民共和国成立以来，先后发生了近60起劫机事件，于1993年达到劫机高峰，共发生劫机事件21起，成功劫机的有10起，目的地都是台湾地区，其中在同一天有两架飞机被劫持，海峡上空出现了令整个世界都为之瞠目的劫机潮。劫机事件的发生，对民航机组人员和乘客的心理造成了极大的压力，严重危害了我国民航运输的安全。

（三）历史上影响深远的劫持航空器事件

1. 1970年：日本"赤军"劫机案。1970年3月31日，日本"赤军"组织的9名成员，搭乘从东京羽田机场飞往福冈机场的日航351次航班。当飞机飞到富士山上空时，劫机者手持日本刀、炸弹将机上乘客和机组人员共129人劫为人质，之后要求前往朝鲜平壤。4月3日飞机抵达平壤，劫机者成功流亡朝鲜。这是日本发生的首次劫机事件，事后日本建立了《劫机防止法》。

2. 1977年：马来西亚劫机案。1977年12月4日，马来西亚航空653号波音737客机在从槟城飞往吉隆坡的途中遭遇劫机，并在马来西亚柔佛州的丹绒古邦坠毁。这是马航首宗导致人员伤亡的事件，机上93名乘客和7名机员无一幸免。飞机以近乎垂直的角度和非常高的速度撞向地面，劫持原因和随后坠毁的过程，到现在都仍然是个未解开的谜团。

3. 1985年：埃及航空劫机惨案。1985年11月23日，埃及航空一架波音737客机从希腊雅典机场起飞，目的地为埃及开罗。起飞15分钟后，被三名劫机者劫持，他们要求飞往利比亚。机长称燃料不足，劫机者命令改飞马耳他。2小时11分钟后，飞机于卢加机场降落。飞机停下后，劫机者先后将多名人质杀死，并提出加油的要求，但马耳他方面拒绝对方要求。谈判开始时，劫机者只同意与利比亚方面谈判，利比亚大使在机场指挥塔通过无线电对讲机重复利比亚政府的态度："由于发生流血事件，利比亚不愿接受这架客机。"在谈判无望的情况下，埃及政府决定采取突袭行动，25名突击队员飞往马耳他，美国亦派出3名反恐专家予以协助。24日晚8时15分，埃及总统穆巴拉克正式下达突袭命令。整个拯救人质的行动持续约10分钟。事件最后造成28人受伤，65人死亡（包括2名劫机者），飞机因损毁严重报废。

4. 1990年：中国广州白云机场劫机案。1990年10月2日，一架厦门飞往广州白云机场的B-2510号波音737客机，在飞行途中，劫机者蒋某峰闯入驾驶室，声称身上有爆炸物，威胁飞行员将飞机开往台湾企图寻求政治庇护。飞机驾驶员试图使其相信飞机燃料不足，继续往广州飞行，并寻求机会降落。劫机者随后试图袭击飞行员并独自驾机未果。在飞机着陆滑跑时，飞行员受到劫持者的暴力袭击，导致飞机失控脱离跑道，撞上停机坪上两架等候起飞的飞机，造成2架飞机被毁、1架严重受损、128名旅客死亡的严重后果，直接经济损失达8000余万美元，并直接导致国内航空运输市场旅客上座率急剧下滑。

第二章　沟通实用技巧

学习目标

1. 了解沟通的内涵和高效沟通的步骤。
2. 掌握危情沟通过程中积极聆听的技巧。
3. 熟悉肢体语言沟通技巧和相关反劫持手语。

案例导读

土耳其客机遭劫背后：劫机者携带橡皮泥假炸弹[①]

2007年8月18日，一架自塞浦路斯起飞的土耳其客机在飞往伊斯坦布尔途中遭两名男子劫持，随后在土耳其南部的安塔利亚市紧急着陆。在与安全部队僵持数小时后，劫机者最终向当局无条件投降，所有乘客和机组人员均安然无恙。

（一）劫机者想飞往伊朗

据土耳其NTV电视台报道，遭遇劫持的飞机是阿特拉斯航空公司的麦道-83型支线客机，该机于当地时间8月18日7时15分从位于塞浦路斯岛北部的埃尔詹机场起飞，执行到伊斯坦布尔的定期航班任务。当时，机上共有包括8名儿童在内的136名旅客和6名机组人员。

飞机起飞后大约20分钟，两名青年男子突然起身冲向驾驶舱，并宣称劫持飞机。在破坏驾驶舱门的企图失败后，劫机者遂将一名乘务人员挟持为人质，并声明自己随身携带有爆炸物品，要求机上乘客服从命令。通过闭路通话系统，两人要求驾驶员将飞机开往伊朗或叙利亚，但驾驶员以航程太长为由，提出要在途中停留以便补充燃油。于是，飞机很快在安塔利亚机场实施紧急降落。

（二）机上乘客胜利逃亡

飞机着陆后，早已得到机组人员通报的当地反劫机部队迅速将飞机包围。与此同时，经过与机上乘客的短暂谈判，劫机者同意让妇女和儿童首先离机。劫机者命令成年男性不要妄动，不过后者显然没有服从，而是趁劫机者处于机身前方时设法打开了后部舱门并成功逃亡。由现场直播画面可见，大批乘客争先恐后地从机舱冲出，四散奔走，一些人在跳下飞机时受伤。混乱中，两名驾驶员也经由窗户顺利逃离驾驶舱。

一见情况不妙，两名劫机者将机上仅剩的4名乘客和2名机组人员扣留，要求当局为飞机提供燃料和新的驾驶员，但遭到军警方面的拒绝。在经过将近5个小时的对峙

[①] http：//news.ifeng.com/world/other/detail_2007_08/22/1261895_0.shtml（略有删改）。

后，劫机者终于释放全部人质并向安全人员投降，他们随即被警察戴上手铐带离机场。除少数人因精神紧张而昏厥外，客机上所有的乘客和机组人员均没有重大伤亡。

（三）橡皮泥做的假炸弹

目前，有关部门正在调查劫机者的身份和动机。据当事人回忆，两名劫机者看上去都不到30岁，相互用阿拉伯语交谈，有时也讲一点英语。从两名劫机者的种种表现来看，他们事先似乎并未周密筹划，所使用的劫机手法也相当"业余"。一些分析人士认为，专业的恐怖分子绝不可能用如此"温柔"的方式对待乘客。因此，土耳其军警兵不血刃地解决危机，并不出人意料。另一些乘客还说，两名劫机者的举止显得"相当温和"，他们不仅允许乘务员为旅客提供饮用水，还一再声明"彼此都是穆斯林，我们不会伤害大家的生命"。

据土耳其内政部透露，两名劫机男子当中，一名为土耳其人，另一名很可能来自巴勒斯坦，同时持有叙利亚护照。根据警方的说法，两人在事后表示"因自己的行为而对土耳其深表歉意"，还说他们此举仅仅是为了"向美国的某些政策发出抗议"。另有消息指出，劫机者实际上并未携带爆炸物，调查人员在两人的随身行李中只发现了一枚橡皮泥制作的假炸弹。此外，还有一名乘客因涉嫌为他们提供帮助而受到警方单独质询。

第一节　沟通概述

美国《沟通杂志》的一些调查显示，领导人45%的时间是在听，16%的时间是在看和阅读，30%的时间是在问和说，9%的时间是在写。听、说、问是沟通包含的三种行为，能否恰当实施这三种行为，是检验一个人沟通技巧的主要方式方法。

一、沟通的内涵

沟通是指信息发送者（发讯者）凭借一定的媒介或渠道，将信息发送给信息接收者（收讯者）并寻求反馈以达到相互理解的过程。沟通具有一定的社会功能，在社会交往中，沟通是指人与人、人与群体或社会之间双向的传递、接收、交流、分享信息的一个活动过程。人们借助共同的符号系统，如语言、文字、图像、记号以及手势等，彼此传递或交换知识、意见、感情、愿望、观点和兴趣等行为。目的在于分享信息、传达思想、交流意见、表明态度、交流感情、表达愿望等。沟通是现代人社会生活中的一个重要组成部分，具有心理、社会和决策等功能。

从某种意义上说，沟通是为了一个设定的目标，把信息、思想和情感在个人或群体间传递，并且在某种程度上达成一致的过程。在这个含义中，沟通具有三大要素：一个明确的目标，即有了明确的目标才叫沟通；达成某种程度的一致性，即沟通结束后双方或多方在某种程度上达成一致，只有达成一致才是完成一次有效沟通；沟通信息、思想和情感，即沟通的内容不仅仅是信息，还包含更重要的东西——思想和情感，在危情沟通过程中传递彼此的思想和情感比信息内容更加重要。

沟通有语言沟通和非语言沟通两种方式，其中人类的肢体语言内容非常丰富，包括手势、表情、眼神、姿态和声音等。在沟通过程中，语言更擅长沟通的是信息，肢体语言更善于传递人与人之间的思想和情感。

二、沟通的模型

沟通是一个互动的过程，一个完整的沟通过程由七个要素组成：发讯者、信息、编码、渠道、解码、收讯者和反馈。各个要素在沟通过程中的作用都至关重要。

（一）发讯者

发讯者是指具有信息并试图进行沟通的人，也就是信息源，是沟通过程的主要因素之一。发讯者始发沟通过程，决定以谁为沟通对象，并决定沟通目的。沟通的目的可以是提供信息，也可以是影响别人，使别人改变态度，或者是与人建立某种联系。其主要任务是进行信息的收集、加工、传递和反馈。

（二）信息

信息是发讯者发送的内容，是由发讯者试图传达给别人的思想、观念或情感。信息可以以多种形式存在，如语言、文字、图像、动作、表情等。所有的沟通信息都是由语言和非语言两种符号组成的，语词可以是声音信号，也可以是形象符号，它们是可以被察觉的可实现沟通的符号系统，思想和情感只有在表现为符号时才得以沟通。信息受到三个因素的影响：用于传递意义的编码或信息群、信息本身的内容、信息源对编码和内容的选择与安排。

（三）编码

编码是发讯者将自己的想法汇编成可以识别的传递性程序。编码水平的高低受到编码者的技能、态度、知识以及社会文化的影响。因而，对于同样一个需要表达的想法，不同的人编码出来的信息各不相同。

（四）渠道

渠道是信息通过的通道或媒介，是信息传达的方式，是发讯者把信息发出和收讯者接收及反馈的手段。在沟通中涉及的媒介通常有：面对面交流、电话、电子邮件、备忘录、信件、一般文件。心理学家发现，在各种方式的沟通中影响力最大的仍然是面对面的沟通方式。面对面沟通时除了语词本身的信息以外，还有沟通者整体的心理状态的信息，这些信息使得沟通者与信息接收者可以产生情绪的相互感染。此外，在面对面沟通的过程中，沟通者还可以根据信息接收者的反馈及时调整自己的沟通过程，从而使面对面沟通能够更有效地对信息接收者产生影响。危情沟通主要采取面对面沟通的方式，因而对沟通介入人员或实施沟通的人员沟通能力的要求特别高。

（五）解码

解码即收讯者将通道中加载的信息翻译成自身能理解的信息形式而后予以接收的过程。与编码一样，解码水平的高低也受到解码者的技能、态度、知识以及社会文化的影响。

（六）收讯者

收讯者是指接收来自信息源的信息的人，也就是发讯者的信息传递对象。收讯者在接收信息的同时，根据自己的已有经验将其转译成信息源试图传达的知觉、观念或情感。所以，在沟通互动的过程中，发讯者与收讯者在同一时间，既发送又接收。收讯者的主要任务是接收发讯者的思想和情感，并及时把自己的思想和情感反馈给对方。在面对面沟通的过程中，信息源与信息接收者的角色是不断转换的，前一个时期的信息接收者成为下一个时期的信息源。

（七）反馈

反馈是收讯者接收发讯者所发出的信息，通过消化吸收后，将产生的反应传达给发讯者。反馈的作用是使沟通成为一个交互过程，反馈在沟通中是非常重要的一环，反馈可以告诉信息发送者和信息接收者接收和理解每一信息的状态，从而让沟通参与者知道思想和情感是否按他们的计划方式来分享。在没有干扰的环境中面对面的发送和接收，使人们有机会知道他人是否理解并领会信息传达的意思。在沟通中，参与的人数越少，反馈的机会越多；参与的人数越多，反馈的机会越少。成功的沟通者对于反馈十分敏感，并会根据反馈不断调整自己的信息。反馈不一定来自对方，也可以从自己发送信息的过程或已发送的信息中获得反馈。

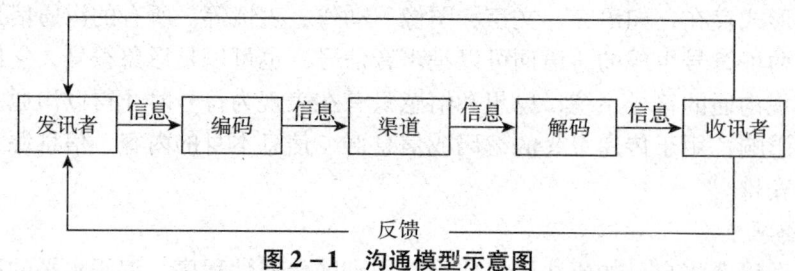

图 2-1　沟通模型示意图

【问题思考】

请谈一谈反馈对于沟通的重要价值，并辅以团体游戏进行体会。

三、高效沟通的步骤

虽然危情沟通受到自身特点和各种因素的影响，不同于一般的沟通过程，但也可以借鉴高效沟通的步骤，以提升沟通效果。要完成一次高效沟通必须经过六个步骤，即事前准备、确认需求、阐述观点、处理异议、达成协议和共同实施。

（一）事前准备

发送信息的时候要准备好发送的方法、发送的内容和发送的地点。为了提高沟通效率，需要事前准备的内容如下：

1. 设立沟通目标。即明确沟通的目的以及沟通达到的效果。

2. 制定计划。在明确沟通目标后，要制定沟通计划，沟通的主题、方式、时间、地点和对象以及注意事项都要列出来。计划制定得越充分，沟通的效果越好。

3. 预测可能遇到的异议和争执。对于可能出现的异议和争执，首先要有充分的心理准备，其次还要根据具体情况对其可能性进行尽可能详细的预测，这些预测可以根据沟通的内容和对象等自己掌握的具体情况作出，这也是对沟通的必要准备，有利于提升沟通效果。

（二）确认需求

确认双方的需求，明确双方的目的是否一致。可以通过如下三种方式来确认需求：

1. 积极聆听。站在对方的角度设身处地地听，用心听，感受和理解对方的意思。

2. 有效提问。通过提问更加明确地了解对方的需求和目的，以便对自己的目的进行及时的调控，通过相互调整达成共识，最后达成双方都能够接受的决议。

3. 及时确认。当没有听清楚、没有理解对方的讲话时，要及时提出，一定要充分理解对方所要表达的意思，做到有效沟通。

（三）阐述观点

将自己的观点更好地表达给对方并让对方能够接受，这在沟通中是非常重要的。在表达观点的时候有一个非常重要的原则——FAB原则。F就是Feature，即属性；A就是Advantage，即作用；B就是Benefit，即利益。在阐述观点的时候按这样的顺序来说，对方更容易听懂、容易接受。

（四）处理异议

在沟通中，可能会遇到对方提出异议的情况，就是对方不同意你的观点。在沟通中要说服别人是非常难的，同样别人说服你也很困难。因为成年人固有的观念和习惯很难改变，很不容易被说服。所以，在沟通中一旦遇到异议，就很容易导致沟通破裂。

在沟通中遇到异议时，可以采用一种类似借力打力的方法，叫做"柔道法"。这种方法不是强行说服对方，而是用对方的观点来说服对方。在沟通中遇到异议后，首先了解对方的某些观点，然后找出其中对你有利的一点，再顺着这个观点发挥下去，最终说服对方。

在处理异议时，态度要表现得具有"同理心"。解决沟通问题中最具有威力的三个字是"我理解"。在沟通过程中创造一个让对方可以畅所欲言、表达意见的环境，展现支持、理解、肯定的态度，尊重对方的情绪及意见，让对方觉得与你交谈是一件轻松愉快、获益良多的事情，这样才有利于化解异议，达成共识。

（五）达成协议

沟通的结果就是为了最后达成一个协议。是否完成了沟通，取决于最后是否达成了协议。

（六）共同实施

在达成协议之后还要共同实施，达成协议是沟通的结果，共同按照协议去实施并取得预期的效果才是真正有效的沟通。

第二节　语言沟通实用技巧

一、听的技巧

危情沟通的目的是以劝说或协商的方式和平解除民航劫持危机事件或将危险与危害

程度降至最低,其成功的本质就是有效沟通。其中,有效沟通的关键技巧就是积极倾听。倾听不仅是耳朵听到相应的声音,而且是一种情感活动,需要通过面部表情、肢体语言和话语回应向对方传递一种信息。倾听是要给对方一种感觉,一种从别人的角度来看问题并使对方知道我们能够理解他的观点的感觉。

【问题思考】
请大家谈一谈自己对倾听的理解。

（一）倾听的五个层次

有研究表明,个体正常的说话速度是每分钟 200 字左右,而在倾听时一般人每分钟可以接受 400 字以上的信息,这就导致个体在倾听时大脑有将近一半的时间是处于空闲状态的。在这段时间里,倾听者可能是在思考对策,也可能是在走神。因此,根据个体在倾听的过程中注意力集中程度以及是否调动个体知识、情感和经验资源,可以将倾听分为五个层次：

1. 听而不闻。也就是听者不做任何努力地去听,仅仅是"听"。
2. 假装倾听。听者做出倾听的样子给沟通对方看,但实质是没有用心听。
3. 选择性倾听。听的过程中只听一部分内容,倾向于聆听所期望或想听到的内容。
4. 专注倾听。认真地听对方的讲话内容,同时还与自己的亲身经历和以往经验进行理解和比较。
5. 设身处地地倾听。不仅认真听,还努力去理解讲话者所说的内容及其想法、观念和情感,并站在对方立场上去理解他。

（二）倾听的误区

社会心理学家的相关研究表明,绝大多数个体在听的过程中只能记住对方讲话内容的 50% 左右,在这些记住的内容中有三分之一按照原来的意思被听取了,有三分之一的意思被听者曲解了,还有三分之一根本就没有听进去。由于受教育程度、知识水平和经验经历等因素的影响,人们对听到的内容的理解也不尽相同。具体来说,倾听的误区主要包括以下几点：

1. 缺乏耐心,急于判断问题而耽误听。
2. 急于表白自己,急于反驳而放弃听,认为掌握主动就是要说。
3. 刻板印象,先入为主或定式思维阻碍倾听,不论别人讲什么都用自己的经验套,用自己的方式去理解。
4. 打断别人的讲话或者急于插话,轻视对方的说话内容而抢话,随便打断对方。
5. 仅仅满足于听懂字面含义。
6. 沉不住气。
7. 对于更深的含义可能没有听懂。
8. 回避难以应付的话题。
9. 使自己陷入争论。

这些倾听的误区同样也适用于危情沟通的过程,因此在沟通过程中我们应当调动所有资源,用耳去听,用眼去看,用嘴去问,用脑去思考,用心去体会,要听出对方讲话的表面含义、言下之意、心理状态、变化过程以及话语中的需求和动机。

(三)倾听的三大要领

要实现真正意义上的倾听绝非易事,全神贯注地认真听对方说话并不是最好的倾听,设身处地、移情换位、同理心地听才是真正意义上的倾听。

倾听时,要掌握倾听的三大要领:

1. 移情换位。倾听时,要主动地去听,听懂对方的信息和真实的含义。

2. 听的技巧。虽然不同的场景需要不同的倾听法则才能真正听懂对方的含义,但一般来说,倾听主要有以下五种技巧:

(1) 反射对方的感受和感觉。

(2) 反馈自己的看法和意见。

(3) 综合处理对方的意见。

(4) 大胆设想对方真正想表达的意思。

(5) 针对具体情形作出解释。

例如,反射对方的感觉在沟通中的运用,通常情况下,男人和女人沟通时,男人停留在沟通本身的含义上,女人则更多地在于情绪、心理和感觉;男人注重解决问题,女人更注重沟通的感觉。所以,要积极沟通就要有效积极地倾听,要用头脑,要重视对方的情感和感受,并用体态表现出来。

3. 适当回应。倾听者要及时、迅速并适当地回应对方,集中不同的回应方式。

(四)危情沟通具体倾听技巧

1. 积极回应。在危情沟通过程中,使用口语化"热词"进行及时的回应,以鼓励对方继续说下去。例如,"是吗?""这样啊。""明白了。""哦。"

2. 引出话题。主要是用来处理谈话初始阶段或沟通过程中的沉默无语。例如,"你现在感觉怎样?""针对这个话题,你能和我再详细说说吗?""你能和我聊聊吗?""你有什么需要帮助的吗?"

3. 重复对方的话。重复对方说过的一句话或重要的字词,鼓励对方继续说。例如,"她离开了你。""他欠了你钱。"

4. 归纳总结。在又长又复杂的交流或讨论后,可以进行适当的归纳和总结,一方面,重申和强调重点,用来确定你的理解;另一方面,尽快结束这个话题或由于受时间限制为转入下一个话题做准备。

5. 表达感受。善于分享和表达我们的感受不仅能够让对方感受到我们在认真听他讲话,而且对他的处境能够感同身受,这对谈话的进行和持续推进有非常大的帮助。例如,"我也有同样的经历……""如果我是你的话……"

6. 标刻情绪。认真听对方说话的同时理解体会对方的情绪感受,并以委婉、间接的方式向对方表达出来。例如,"听起来你很生气。""你看起来很沮丧。"对于沟通对象在任何时候或情况下所流露的情绪,我们都可以随时进行"标签",不要担心自己对他情绪的理解是否准确,如果不准的话,对方会加以纠正,这不仅能够表明我们在认真听,而且还在努力理解对方,能够推进双方良好沟通关系的建立。

7. 解释澄清。根据对方所说的内容或相关重点加以解释或澄清，一方面能够表明我们在认真听他说话，而且听明白了他的意思；另一方面通过解释能够创造出一种对谈判对象的同感，而且能在双方之间建立一种融洽的关系。例如，"你是在告诉我……吗？""你的意思是说……吗？"

二、问的技巧

在整个沟通过程中，沟通高手也是发问高手，而只有发问高手才是真正的沟通高手。通过巧妙地提问，能有效地听、恰当地说、认真地记。苏格拉底提出，先要跟别人讨论相同一致的问题，然后慢慢过渡到不一致的地方，也就是先求同再存异。他认为，永远没有答案，有的只是问题。所以，作为优秀的危情沟通人员，要通过提问摸清对方的需求和真实想法、掌握对方的心理，并适当地表达自己的情感、意见和观点，进而通过沟通协商来解决问题。问什么问题、何时发问、怎样发问、问题是否正确等方面存在很多技巧。

（一）提问的类型

通过提问，可以表示对对方的关心、关注，引导对方思考，解决问题，缓冲进攻，也可以进行反攻，甚至可以用反问来回答问题。一般来说，提问主要包括开放式提问、封闭式提问和引导式提问三种类型。

1. 开放式提问。开放式提问是没有固定答案的提问，一般无法用一两个词语来回答，是一种能够引出广泛话题的提问方式。这种提问是引导谈话继续进行、表达谈话兴趣的一种方式。它可以创造宽松的环境，建立融洽的气氛，打开、拓展主题，可以帮助我们收集更多的信息，所以在开始谈话时，最好问一个开放式的问题，使气氛轻松。例如，"你遇到了什么麻烦？""你有什么需要帮助的？""你现在有什么打算？"

2. 封闭式提问。封闭式提问是有固定答案的提问，指在一定范围内引起肯定或否定，或者是在几项中选择一项的提问，答案已经包含在问话中，对方通过简短的词句就能回应。这种提问一般用来澄清话题，确认信息，明确细节。通过封闭式提问，可以挖掘内在的问题所在，探测、探索问题的真正根源，锁定核心问题，寻找解决途径，用问题来解决问题，以寻找最佳的解决方法。封闭式提问具有导向性，可以引导对方。同时，还可以了解对方的基本背景、大概的环境状况、真实想法，挖掘对方的不满，进而得到想要的结果，最后通过重复性的问题进行强调。例如，"你这样做是不是因为她离开了你？""你是不是早就知道这个情况了？"

3. 引导式提问。假设前提条件，引导对方思考，具有强烈的暗示性或引导性的提问，基本不用对方回答。例如，"我想这样的结局也不是你想要的，对吧？"

（二）注意事项

在危情沟通过程中，提倡多使用开放式提问，但尽可能少说为什么。因为当别人问我们为什么的时候，我们会认为自己没有准确有效地传达信息，或没有传达清楚自己的意思，或感觉自己和对方的交流沟通可能有一定的偏差，或沟通好像没有成功，同时可以用其他的话来代替，如"你能不能说得再详细一些？""你能不能解释清楚一些？"这样会让对方的感觉好很多。同时，为了便于双方建立良好的沟通关系，建议少提出带有引导性的问题,这样的提问不仅不利于收集信息,而且会让对方有不好的印象。

把握提问时机对于危情沟通来说也至关重要,我们如何把握提问的时机呢?一般来说,提问时要尽量选择以下三个时机:第一,对方发言完毕之后提问;第二,在对方发言停顿、间歇时提问;第三,在自己发言前后提问。提出问题时要遵循一定的顺序,一般是从易到难、从大到小、从开放到封闭、从肯定角度提问,讲究逻辑顺序,可以通过聊天的方式挖掘对方的信息,但不要连续提问。此外,也可以借鉴沟通中的 SPIN 模式把控危情沟通的主动权。SPIN 模式是一种以对方的需求为出发点,在提问沟通过程中配合对方的心理变化而设计的一种需求调查方式。SPIN 由背景问题(Situation)、难点问题(Problem)、暗示问题(Implication)和需求与满足问题(Need-pay off)四种问题组成。在需求调查过程中,从背景问题出发,获得对方的背景资料,并寻找因此导致对方对现状不满和困难的难点问题,在对难点问题提问时,引导对方讲出隐含需求,然后再从隐含需求中挖掘更多的暗示问题,使对方对问题的严重性和紧迫性更加清晰和明确,之后再提出需求与满足问题以便使对方讲出明确需求,最终导出方案或协议以满足对方的需求。

三、实战沟通方法

(一)拉近距离法

心理距离存在于人类生活的各个方面,从物质存在形式来看,体现为时间距离和空间距离;从人文社会特征来看,体现为社会距离和心理距离。正确把握心理距离,是形成良好沟通关系、实现沟通效果的条件。人有远近亲疏,对于自己熟悉信任的人往往更容易倾诉心声,因此在危情沟通过程中,沟通人员要选择恰当的方法诸如从称呼或尊称、用词等方面与沟通对象拉近心理距离,以缓解对方情绪,缓和现场紧张气氛。

(二)讨价还价法

危情沟通在某种程度上可以说是沟通双方的一个讨价还价的过程。民航劫持犯罪行为人希望通过制造危机事件实现自己的目的或诉求,政府或组织希望减少执法成本。在这个过程中,犯罪行为人的要求或诉求无非是物质、经济、情感、纠纷或安全保障等,因此在进行危情沟通时要根据犯罪行为人的要求因势利导地进行讨价还价。同时,在沟通过程中,无论满足对方何种要求,都必须索取回报。但是,需要注意的是,因势利导讨价还价并不是"等价交换,不吃亏"。

(三)积极聆听法

倾听是一门艺术,危情沟通过程中如果能够很好地运用倾听技巧,必然能够取得良好效果。面对劫持犯罪行为人的诉说,我们要以积极的态度和行动去倾听,并在听的过程中建立良好关系,从而实现"以静制动,以拖求胜"。如果沟通对象能够大量地宣泄自己的情感,那么他很可能已经对危情沟通人员产生了一定程度的信任。

(四)换位思考法

在很多劫持案件中,犯罪行为人是迫于无奈才出此下策,他们虽然表面看上去穷凶极恶,但对父母妻儿或者无辜百姓也存有负疚感和负罪感。因此,在危情沟通过程中不妨转换角度，寻找劫持行为人的"软肋"或"泪点"，选准话题，进而以恰当的方式进行规劝和诱导，争取唤起对方的良知和对生活的留恋，争取其主动投降。

（五）晓理明义法

据有关专家的研究结果发现，并不是所有的劫持事件都是经过详细计划和周密组织的，有些劫持者的行为是在冲动状态下为了达到某种目的而进行的。面对此种情况，危情沟通人员就要不失时机地对其进行政策、法律方面的解释，也就是开宗明义，解释法理，让其知晓顽抗下去的严重后果以及主动投降的好处，争取行为人能够主动放弃劫持行为。

（六）分化瓦解法

针对团伙实施的劫持犯罪事件，可以采用分化瓦解法，在沟通过程中要善于利用团伙内部矛盾，展开攻势，分化瓦解，争取能够动摇随从人员，孤立主谋，从内部攻破堡垒，进而为采取其他行动解决危机创造条件。

（七）安抚鼓励法

当沟通对象做出一些改变诸如开始软化或让步时，要及时给予鼓励和称赞。此外，有些劫持行为人事发后自感罪孽深重或诉求实现无望，情绪会极度不稳定，更容易"破罐子破摔"，顽抗到底。在这种情况下，各种不测随时都有可能发生，因此要善于安抚对方，尽可能地稳定对方情绪，拖延时间。

第三节　肢体语言沟通技巧

大量研究表明，在沟通过程中，55%的信息是通过面部表情、形体姿势和肢体语言来传递的，38%的信息是通过声高声调传递的，只有7%的信息是通过语言来传递的。在这些信息的传递过程中，约75%的信息传播是由视觉实现的，因此在沟通过程中不仅要注意对方的词汇、语句，也要注意其语气、语调，同时还要注意对方的肢体语言，包括眼神、动作、手势、体态等。

【问题思考】

请列举自己所熟悉或了解的身体语言。

一、肢体语言

（一）肢体语言的规律

1. 身体仪态所展现的精神状态。开放、舒展的身体姿态表达了舒适感受，暗示自信、好感及兴奋；反之，萎缩、扭曲、背向、僵硬的姿态显示为不适，表明焦虑、压力和逃离等消极状态。

2. 情绪状态与身体重力相反。身体上飘逸、向上、轻扬等姿态，暗示情绪上的轻松、乐观；沉重、稳固的姿态显示为警惕或隐藏自我等。

3. 心理状态如同生理节律。舒缓、有律、平和，暗示为心理状态的平衡稳定；反之，急切、慌张、暴躁显示为压力、刺激和不快。

（二）上肢的动作语言

1. 手摸额头、脖颈、胡须或搓手、捻耳垂，表示压力下的自我安慰。
2. 拳头紧握，表示向对方挑战或自我紧张的情绪。
3. 用手指或手中的笔敲打桌面，或在纸上乱涂乱画，往往表示对对方的话题不感兴趣、不同意或不耐烦。
4. 两手手指并拢置于胸的上方呈尖塔状，表示充满信心。
5. 手与手连接放在胸腹部的位置，是谦逊、矜持或略带不安的心情的反映。
6. 双臂交叉于胸前，表示保守或防卫；双臂交叉于胸前并握拳，往往是怀有敌意。
7. 吸吮手指或指甲，成年人做出这样的动作是个性或性格不成熟的表现。
8. 耸肩摊手、讲话时挥舞手臂、竖大拇指、双手交合指尖朝上，显示快乐自信或轻松。
9. 身躯、胸腹侧向一方，表明预感压力，有离开的欲望。
10. 谈话时扣衣扣，表明不安和下意识的自我保护。
11. 胸腹正面面对、前倾、无手遮拦，暗示友好、信任。
12. 夹紧或抱紧东西说话、行走，表明缺乏安全感。
13. 缩双肩、脖子，显示不自信，窘迫。
14. 双手僵硬交叉向下，表明紧张、不安和焦虑。
15. 手抖、咬指甲、手无处放置，表明高度紧张的恐惧感。
16. 身体神经性颤动、眼睑震动或下睬，表明真实触及内心隐秘。

（三）下肢的动作语言

1. 抖腿、脚尖向上摇晃、跷二郎腿，表明快乐自信或轻松。
2. 摇动足部，或用足尖拍打地板，或抖动腿部，都表示焦躁不安、无可奈何、不耐烦或欲摆脱某种紧张感。
3. 双足交叉而坐，对男性来讲，往往表示从心理上压制自己的表面情绪；对女性来讲，如果再将两膝盖并拢起来，则表示拒绝对方或防御的心理状态。
4. 张开腿而坐，表明此人很自信，并愿意接受对方的挑战。
5. 如果一条腿架到另一条腿上，一般在无意识中表示拒绝对方并保护自己的势力范围，使之不让他人侵犯。
6. 如果频繁交换架腿姿势，则表示情绪不稳定、焦躁不安或不耐烦。
7. 拿武器的手开始搭在人质身上或者东西上，表示疲倦与相对放松。
8. 身体一直后仰，说明对方处于戒备状态；如果开始直立或者前倾，则说明对方开始放松。
9. 行动突然变缓、凝固，表明感觉遭遇威胁。
10. 双手按膝盖、小腿交叉、脚尖和膝盖朝向出口，表明不安、有逃离感。
11. 叉开腿牢牢站立、伸展四肢、挺起胸膛、暴露躯干，展示力量，表明下意识感到有压力，是警惕与对抗的含义。

二、表情语言

（一）眼睛

1. 倾听时几乎不看对方，表明试图在掩饰什么。
2. 眼睛瞳孔放大，炯炯有神而生辉，表示处于喜欢或兴奋状态。
3. 瞳孔缩小、神情呆滞、目光无神、愁眉紧锁，表示处于消极、戒备或愤怒的状态。
4. 眼睛闪烁不定是反常的举动，大多是掩饰的一种手段或是不诚实的表现。
5. 瞪大眼睛看着对方，表明对对方有很大的兴趣。
6. 当谈到某一话题时开始注视谈判人员，说明其对这个话题感兴趣。
7. 突然睁大眼睛、讲话扬起下巴，表明谈话触及兴奋点。
8. 讲话时目光向下，避免与人接触，表明心虚。
9. 口半张开，眼神游移散淡，表情漠然，表明无心机，警戒心理淡化。
10. 突然眯眼、瞳孔缩小，表明迟疑心理。
11. 频繁眨眼，表明怀疑或压力。

此外，眨眼频率具有不同的含义。如果每分钟眨眼次数超过 5~8 次，则一方面表示神情活跃，对某事物感兴趣；另一方面也表示个性羞涩，不敢直视对方。从眨眼时间来看，如果超过 1 秒钟的时间，则一方面表示厌烦、不感兴趣，另一方面也表示自己比对方优越，因而对对方不屑一顾。

（二）眉毛

1. 当人们处于惊喜或惊恐状态时，眉毛上耸。
2. 当人们处于愤怒或气恼状态时，眉角下拉或倒竖。
3. 眉毛迅速地上下运动，表示亲切、同意或愉快。
4. 紧皱眉头，表示人们处于困窘、不愉快、不赞同或反感的状态。
5. 在询问或疑问时，眉毛会向上挑起。

（三）嘴巴

1. 紧紧地抿住嘴，往往表现出意志坚决。
2. 噘起嘴是不满意和准备攻击对方的表现。
3. 遭受失败时，人们往往咬嘴唇，这是一种自我惩罚的动作，有时也可解释为自我解嘲和内疚的心情。
4. 嘴角稍稍向后拉或向上拉，表示听者是比较注意倾听的。
5. 嘴角向下拉，是不满或固执的表现。
6. 自言自语、打哈欠、吹口哨，是自我减压行为。
7. 忽然大口喘气、流汗，表明面临巨大压力或碰触隐私。

【问题思考】

在危情沟通过程中，危情沟通人员在肢体语言方面需要注意的事项有哪些？

三、反劫持手语

该部分内容借鉴特战手语，供民航管理与服务人员参考。特战手语，最早是由著名反恐部队——德国第一国防军边境部队（GSG-9）创造的。该手语是西方通用的一种战斗语言，同时也被包括我国在内的世界各国特战部队广泛采用。该手语可以用一只手来完成，另外在发出手语时无须面向收讯者，因为在紧张形势下发讯号的队员要时刻监视着危险方向，不可能持续转过身来向后方的队员作出指示。在反劫持过程中，几乎都是在不许发出声音的险恶环境中，队员间的交流成为战斗成功与否的关键因素，因此手语的熟练运用就起到特殊的作用。同时，手语也应该成为反劫持人员所掌握的一项基本技能，熟练掌握手语含义并能运用自如，不仅可以提高民航反劫持战斗的效果，而且可以最大限度地保护自身安全，减少不必要的伤亡。手语不仅是对峙状态下的沟通战术，也是自我保护的有效手段。

（一）身份手语

1. 成人：手臂向身旁伸出，手部抬起到胳膊高度，掌心向下。

图 2-2 表示"成人"的手语

2. 小孩：手臂向身旁伸出，手肘弯曲，掌心向下固定放在腰间。

图 2-3 表示"小孩"的手语

3. 男性：以掌心在自己面颊上做上下擦拭动作，意指男性的胡子。

图2-4 表示"男性"的手语

4. 女性：掌心向着自己胸膛，手指分开成碗状，意指女性的胸部。

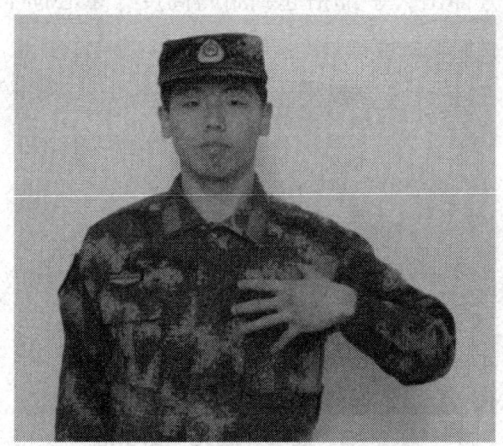

图2-5 表示"女性"的手语

5. 指挥官：食指、中指、无名指并排伸直，横放在另一手臂上。

图2-6 表示"指挥官"的手语

6. 人质：以手握着自己的颈项，寓意是被挟持的人质。

图2-7 表示"人质"的手语

7. 绑匪：以拇指和食指做成圆圈状，套在另一握持着武器的手臂上，状似扣上手扣。

图2-8 表示"绑匪"的手语

（二）战术动作

1. 你：以食指指向收讯者或队友。

图 2-9　表示"你"的手语

2. 我：以食指指向自己的胸膛。

图 2-10　表示"我"的手语

3. 来：伸开手臂，手指并拢，然后向着自己身躯方向摆动，指示队友靠近自己。

图 2-11　表示"来"的手语

4. 听到：举起手臂，手指并拢，拇指及食指触及耳朵，掌心微曲并且向着收讯队友。

图 2-12　表示"听到"的手语

5. 看到：手指并拢，水平放置手掌于前额上。

图 2-13　表示"看到"的手语

6. 信息收到：伸开手，大拇指和食指成圆形状，与"OK"手势相同。

图 2-14　表示"信息收到"的手语

7. 赶快：手部作握拳状，然后屈曲手肘，举起手臂做上下运动。

图 2-15　表示"赶快"的手语

8. 停止：伸开手臂，以掌心向着收讯队友。

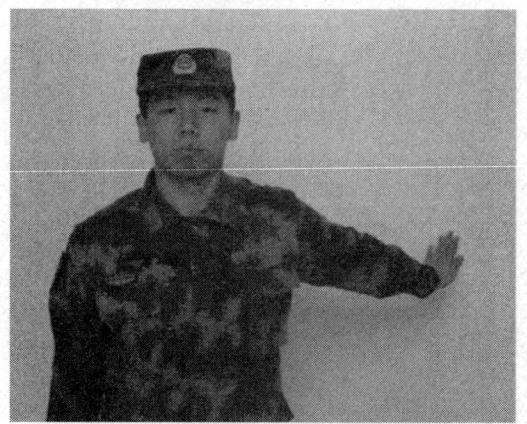

图 2-16　表示"停止"的手语

9. 肃静：做握拳手势，竖起食指，垂直置于唇上。

图 2-17　表示"肃静"的手语

10. 掩护：把手举至头上，屈曲手肘，掌心盖着头顶。

图 2-18　表示"掩护"的手语

11. 明白：手臂向身旁伸出，手肘屈曲，手腕举至面颊高度并作握拳状，掌心向着收讯者。

图 2-19　表示"明白"的手语

12. 蹲下（下来）：手臂向身旁伸出，手肘屈曲，掌心向下摆动至腰间高度。

图 2-20　表示"蹲下（下来）"的手语

13. 不明白：略微屈曲手臂，掌心向上，并耸耸肩。

图 2-21　表示"不明白"的手语

14. 不用理会：以掌心向着收讯者，并且左右摆动。

图 2-22　表示"不用理会"的手语

(三) 武器手语

1. 手枪：伸直大拇指及食指，互成 90 度，成手枪姿势，也可以食指向着自己的枪套或手中握持着手枪来示意。

图 2-23　表示"手枪"的手语

2. 长枪或步枪：高举手臂，食指和拇指伸直成90度，如发讯者正好手持步枪，则只需以食指指着自己的步枪即可。

图 2-24　表示"长枪或步枪"的手语

3. 自动武器：手指屈曲成抓状，在胸膛前上下扫动，像弹奏吉他一样。

图 2-25　表示"自动武器"的手语

4. 霰弹枪：手指屈曲，像握持圆棒状的物体，手部举至肩膀高度，然后上下运动。

图 2-26　表示"霰弹枪"的手语

5. 催泪弹：手指分开成碗状，罩着鼻和口。

图 2-27　表示"催泪弹"的手语

6. 汽车：手指屈曲，像握着汽车方向盘，水平做左右圆弧运动。

图 2-28　表示"汽车"的手语

7. 爆炸物：掌心向上，手作爆炸状，手肘微屈且与腰部齐平并做向上运动。

图 2-29　表示"爆炸物"的手语

（四）方位手语

1. 那里：伸开手臂，以食指指向目标。

图 2-30　表示"那里"的手语

2. 门口：以食指由下向上，向左再向下，做出一个开口矩形的手势，代表门口形状。

图 2-31　表示"门口"的手语

3. 窗户：以食指由下向上，向右，向下再向左，做出一个闭合矩形手势，代表窗户形状。

图 2-32　表示"窗户"的手语

(五) 数字手语

1. 数字"1"。

图 2-33　表示"1"的手语

2. 数字"2"。

图 2-34　表示"2"的手语

3. 数字"3"。

图 2-35　表示"3"的手语

4. 数字"4"。

图 2-36　表示"4"的手语

5. 数字"5"。

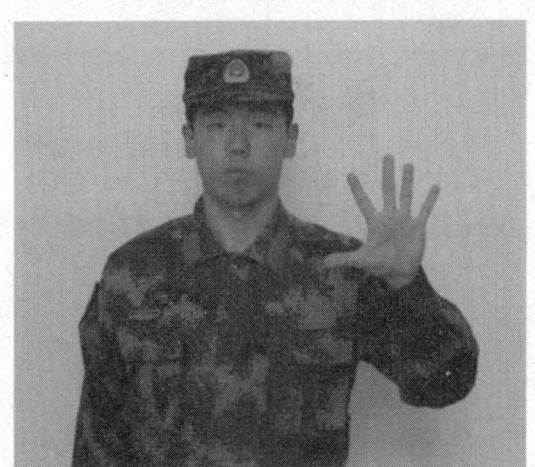

图 2-37　表示"5"的手语

6. 数字"6"。

图 2-38　表示"6"的手语

7. 数字"7"。

图 2-39　表示"7"的手语

8. 数字"8"。

图 2-40　表示"8"的手语

9. 数字"9"。

图 2-41　表示"9"的手语

10. 数字"10"。

图 2-42 表示"10"的手语

同步练习

1. 简述沟通的步骤。
2. 简述沟通模型。
3. 提问方式有哪几种？
4. 概述危情沟通中倾听的技巧。

拓展阅读

一、以色列航空安保发展启示[①]

道高一尺，魔高一丈。以色列航空安保的开创者明白，要时刻准备应对新的恐怖威胁，而其中应对航空恐怖威胁的答案就在于建立一套高效有序的专业体系，以便系统化地应对全球性的恐怖活动。同时，也不能拘泥于一时，而要与时俱进，随机应变。

劫机促成改变　从依靠人员到建立体系

1968年7月22日，一伙劫机分子劫持了以色列航空公司从罗马飞往以色列的426号航班，并迫降阿尔及利亚。该次航班上载有38名乘客和10名机组人员。经过以色列和阿尔及利亚政府的谈判后，以色列关押的24名巴解组织人员被释放，劫机者随后释放了被劫持的人员。这起事件成为后来被称为以色列航空安保体系的重要起因。

以色列政府意识到自己必须准备好应对新的恐怖威胁。以色列安全总署领命组建了一套体系以免此类事件再次发生。基于对行为因果模式所作的分析，以色列航空安保的开创者明白，仅靠武装的安保人员来阻止劫机事件是绝无可能的，重要的是建立一套安保体系，并通过这套体系将恐怖分子还在机场时就识别出来，以便阻止其实施劫机行为或者往乘客行李中放置炸弹。

---

① 以色列航空安保发展启示：如何打好安保战. 王建宏，编译. 中国民航报，2011-5-10.

当时安保体系的组建是基于以下三点评估：一是航空乘客的数量允许其按照不同安全等级来进行识别；二是安保人员必须熟知乘客异常行为，并彻底识别任何行为异常的乘客；三是安全检查不能干扰机场正常运行。

就在以色列建立全球范围内的航空安保体系的同时，也发生了一系列针对以色列航空公司境外始发航班的恐怖阴谋，其方法是乘客携带爆炸物（有意携带或被无意放置）进行爆破炸机。每一起恐怖阴谋都被以色列航空认真研究，安保流程也随之得到升级和拓展。

1988年，以色列航空安保体系出现问题，一名乘客在行李中携带爆炸物品登记，因技术故障这个爆炸物没有爆炸，这名乘客碰巧在目的地机场被识别出来。之后，以色列安保负责人意识到了两点：一是尽管安保人员可以在尽量减少伤亡的情况下应对机上或机场的恐怖分子，但是他们无法应付已经放到机舱中的炸弹，其结果将是灾难性的；二是尽管"人"都会有失误，但仅靠技术手段来弥补"人"的失误是远远不够的。

可预测乘客过滤法 从"钓鱼翁"到"狩猎者"

从20世纪80年代中期到90年代，全球航空业的快速普及化和便利化引起了一些航空安保体系尤其是以色列安保机构的批评，主要是谴责其在安全管理理念上停滞不前。这些批评主要涉及以下三个方面：一是安保盘查干扰人权；二是在安保体系上的巨额投资预算加重了政府和航空公司的负担；三是机场的运行受到安保措施的影响。以色列安保与航空部门最终决定，鉴于全球恐怖分子正召集情报技术人员研究安检设备和安保技术以期寻找并突破弱点，应继续实施盘查式的安保措施。当然，基于以下两点，以色列安保当局也决定对安保措施进行调整：第一，旅客在交运行李时将受到安全检查；第二，安检设备将进一步强化，并且与盘查等级有机结合起来。

按照以色列安保理念，需要强调的是，盘查是决定对旅客实施何种安保级别的重要因素。这种措施，国际上称为"研判"，是"可预测乘客过滤法"的根基。过去的案例以及对与恐怖组织有关联的人员的严密措施，证实了这种方法既有效又专业。经过历年的应用，"可预测旅客过滤法"成功将其独特优势与反恐技术有机结合起来识别潜在威胁。其原理是基于一种常识，即恐怖分子在策划或准备实施恐怖行为时一定会产生细微但依然可以预测、可以分辨的行为。任何恐怖分子在面对训练有素的安保人员时，绝无可能完全隐藏这种行为模式。

对以往案例的持续分析证实，从理论上讲，所有的恐怖袭击过程中都呈现出类似预警信号，安保人员只要有能力发现这些异常行为，就有能力预先粉碎精心策划的恐怖行为，避免生命损失以及由此带来的社会负面影响。"可预测旅客过滤法"的理念是基于对行为的观察，而不是对目标人员的籍贯、民族以及信仰背景的分析，因此不带有种族偏见色彩。

"可预测旅客过滤法"的这一大益处是理念的转变，安保人员从"钓鱼翁"的理念，即坐等恐怖分子从身边经过并抓住他（很少发生过），转变为"狩猎者"理念，即安保人员始终在通过不同的手段去搜寻异常行为。需要强调的是，由于"狩猎者"理念激发了安保人员的积极性和危机意识，没有人会玩忽职守，因此"狩猎者"理念不但不会影响服务水平，而且还有助于整个系统的提升。

避免照本宣科　关注点从"爆炸物"到"人"

与以色列相反，西方国家却另行其道。美国有关机构认为，由于针对航空业的恐怖袭击时有发生，因此一旦发生不同级别的袭击，其解决方案是由保险公司向受害者进行赔偿。作为常理，欧洲国家采用了美国的做法。

全球航空安全的分水岭是1988年泛美航空公司班机在苏格兰洛克比上空发生爆炸，利比亚特工在这架班机上放置了爆炸物，导致270名乘客和机组人员遇难。此后，英国首先改变其观念，在西方国家中倡导对所有装机行李进行不同级别的技术检查。

随后，2001年"9·11"事件成为第二道分水岭。据称，如果当时美国也采用了"可预测旅客过滤法"，这次恐怖袭击就很可能被阻止。当时，恐怖分子在飞机上使用了开箱器作为武器，而根据美国当时的法律，这种刀具是可以带上飞机的。而安检人员也只是照本宣科，按章办事，未能灵活运用相关法律规定。如果讽刺点地讲，那些遇难者都是被"教条"给害了。

西方国家尤其是美国的安保理念是强化对旅客的X光机检查，这种理念是有缺陷的，因为当所有乘客都按照相同级别进行安检时，不可能有针对性的关注异常行为。同时，恐怖分子会召集情报技术人员去研究安检程序和安检设备，发现并突破其弱点。另外，高级别安检将影响机场运行，也给国家造成财政负担。

2009年12月25日，一名尼日利亚青年携带爆炸物成功登上了达美航空公司航班，在降落前20分钟试图引燃爆炸物但没有成功。这起事件显示，西方国家应建立新的航空安全法规。安保机构必须意识到，爆炸物不是自发来到机场的，因此首先要应对恐怖分子，然后才是炸弹。对安保感观的专业管理、将安保感观与当地文化结合以及对全球恐怖分子的动态进行系统化跟踪等措施，将有助于更专业、更有效地防范航空威胁。

二、对人不对物的以色列安检[①]

世界上没有哪个国家会比以色列更注重安全，特殊的环境造就了他们一整套严格的安检方式。在民航安防上，以色列人也有着自己独一无二的技术，现在这种技术有可能彻底革新全世界的机场安检系统。本·古里安机场是全世界恐怖分子最感兴趣的袭击目标，但最近的一次袭击事件还是发生在1972年。

以色列最简单的安检，高科技理论基础为"行为模式分析"。"发现可能存在的恐怖分子比尝试寻找他的炸弹要有效得多。"一位以色列高级官员说，"'9·11'劫机者没有使用真正的武器或爆炸物就杀害了三千人。为了安全起见，你必须得阻止那些不怀好意的人。这就是我们这套系统的工作原理。"

以色列顶级安全顾问拉菲·塞拉将该技术称为"基于信任的安全（Trust Based Security，TBS）"。在拉菲·塞拉看来，除非采取真正有效的检查措施，不然使用任何技术手段都于事无补。恐怖分子总会比你快一步。因此，较之专注于对危险物的检查，高效精确的"行为模式分析"系统更像是未来安检的趋势。

---

① 资料改编自http://www.safechk.com/showinfo-25-1628-2.html。

技术一："敌意检测机"提高效率

在以色列的本·古里安机场，这种由女性警员组成的探员询问小组，一般都是彬彬有礼地对乘客提出问题甄别危险分子。但是，这样的做法也带来了低下的工作效率，如果将这套安检模式放在英国的客流量庞大的希斯罗机场势必会造成整个机场的瘫痪。但本·古里安机场却与时俱进，联合高科技公司开发出了一系列的"甄别"系统，用电脑来提高效率。

构成以色列机场安检系统的几大组成部分包括电子标签芯片、立体三维热追踪红外照相机、敌意检测设备、痕迹侦测技术以及眼动反应装置。与常见的安检相比，在这个系统中，乘客不需要接受全身扫描，也不需要经历烦琐的安检步骤，只需在接受机器的扫描并确认无误后便可登机。

"敌意检测系统"测试眼部活动，比虹膜、指纹还精确。在过去，这一系统主要靠人力来维持，负责安检的探员们每天都要向乘客提出大量尖刻的问题，接受过询问的乘客可以很快抵达登机口。现在，利用机器就可以自动完成这项检查，极大地提升了安检速度。有研究表明，每个人在跟随着一点去追踪屏幕上的简单图案时，其眼球都会呈现某种独特的曲折图案，这套识别系统比一般的指纹或虹膜识别系统要安全得多。新型身份系统就是基于人们对屏幕上移动物体的眼动反应。眼动反应设备衍生出的敌意检测装置是可以同时测定受试者皮肤的温度、心率、出汗、血压和呼吸变化等多达14项参数的装置。当这套设备开始工作时，为了设定一个"生物基准线"，所有这些读数几乎都是瞬间采集完毕。在随后30秒的时间内，机器将会显示一个使那些涉及恐怖主义的受试者出现反应的刺激主题，而普通人对此主题并无反应。

旅客扫描眼部无误便可登机，省去烦琐安检步骤。相关测试显示，在不得不进行检查的情况下，这一系统可以对任何一个在纽约肯尼迪国际机场乘坐航班的人进行检查，并且不会减慢登机前检查的速度。与常见的安检相比，在这个系统中，乘客不需要接受全身扫描，也不需要经历烦琐的安检步骤，只需在接受机器的眼部扫描并确认无误后便可登机。在以色列，安检人员每天平均工作时间常常长达十多个小时，倘若利用这套系统，将极大地提高工作效率，使安检人员能够专心提升在危险甄别和心理识别上的专业技能。

这一系列的新安检技术和系统，得益于国家与智囊团的大力支持。特拉维夫和海法之间温暖而肥沃的海岸平原孕育了以色列的硅谷，那里是高科技创业公司诞生的理想之地。狭长的硅谷中分散着一系列的科学和商业园区，企业家和学术精英们一起工作，而且还有来自国家的直接赞助。在以色列的孵化器系统中，政府的首席科学家部门可以为开发新产品的小公司提供高达80%的研发资金支持，且不附带任何条件。

技术二：嫌疑乘客接受"生理扫描"

这套文明礼貌的安检系统，工作流程其实早在进入机场前就开始了。盘问阶段在乘客进入机场的出租车专用道上开始，在机场中，敌意检测装置可以在不打断机场正常人流的前提下使用，不需要人为审讯，不会侵犯人权。而被敌意检测装置测出有较高嫌疑的乘客会被转送到"自动生理记录仪"处。这种基于问答式侦测技术的机场设备本质上是自动扫描记录脉搏、呼吸速率的多种波动描记器。

这种设备包括一个小隔间，旅客可以坐在里面，然后戴上耳机回答问题。问题在显示在屏幕上的同时，也会用语音读出。旅客将左手置于特别的支架中，传感器从旅客的眼睛和左手中读取并记录从皮肤电导率到皮肤运动的一系列数据。

检测仪器以肌体对这些问题的下意识生理反应为依据，将所有信息收集归拢并通过计算机算法进行统计分析。大多数受试者的信息将会一分钟后删除，极少数人将被要求继续回答更多的问题，这将持续5~7分钟。随后，机器将决定受试者的信息应该清除还是受试者应当接受人工审讯。

不接触乘客肢体，仅"裸检"乘客大脑。近日，美国机场安检级别的提高，让一些体验过深度触摸安检手法的乘客觉得人格受到了侮辱。有民众抱怨称，这样的搜身涉嫌性侵犯。包括飞行员在内的空乘人员也怨声载道，这项新措施实施后，所有人都不能免于接受检查，并且安检人员有权用十指从上至下摸遍乘客全身。当众脱鞋等检查行为会因为涉及个人隐私或生活习惯而让人倍感尴尬。

问答式侦测技术检测的环境更为私密，较之"裸体"扫描和深度触摸身体的安检，这更像是对乘客大脑的"裸体"扫描和对想法的深度触摸。而区别在于它不会侵犯到乘客身体的隐私，且不用担心私人信息的外泄。

技术三："痕迹侦测"检查行李货物

1988年，泛美航空公司的103号航班在洛克比上空发生炸弹爆炸，造成270名乘客死亡；2001年，人鞋炸弹理查德·里德横空出世；而去年圣诞节，在底特律上空，伦敦大学学生奥马尔·阿卜杜姆塔拉布试图引爆自己内裤中的炸弹未遂。所有这些混上飞机的私藏爆炸物都没有被检测到。但以色列机场的TBS系统极具创造性的技术，能够检测出所有类型的密封包，不论是手提行李还是货物集装箱中含有的爆炸物粉末。乘客甚至都不用把笔记本电脑或其他设备拿出来进行检查。

"痕迹侦测"设备可检出密封包，手提电脑不用拿出过检。新的TBS系统中，还有很多极具创造性的技术，如"痕迹侦测"设备。这种设备能够检测出所有类型的密封包——不论是手提行李还是货物集装箱——中含有的爆炸物粉末，乘客甚至都不用把笔记本电脑或其他设备拿出来进行检查。行李包在通过机器的同时，分析结果就可以出来。据称，这一设备可以检测出小到1微克的已知爆炸物，而现阶段用于扫描爆炸物的中子探测器也只能发现0.1克的爆炸物。这项技术在使机场的安检速度加快的同时也增强了安全性。

如果必要的话，以色列这套安检系统可以从安全服务网络的数据库中运行。通过一个隐蔽的软件平台，机场和其他的机构可以通过智能计算机或警察局的网络进行全球实时联络。

在"9·11"事件发生前，情报机构已经知晓袭击者的身份，可是并没有与机场人员分享这一重要信息，以致错过阻止恐怖分子登机的良机。在事件过去后九年，实时信息共享仍然没有实现，美英两国情报部门交流信息仍然要花费数个小时。而以色列的这套安检系统不仅可以进行联网，而且没有严格意义上的中心服务器，所以没有人可以对它进行攻击，同时系统适应性更好，不需要新的硬件来支持。

登机牌行李签隐藏电脑芯片，能定位找到每一位乘客。本·古里安机场的这套安检系统中还有一种隐藏的"定位系统"，让机场找到并定位一位乘客，或者是突然提醒要注意戒备的工作人员。研究人员开发出一种成本极低且肉眼几乎无法识别出的电脑芯片，可应用于登机证、员工识别卡和行李标签中。它们能对传感器立即做出反应，而传感器可以很隐蔽地安装到每一个关卡、地板或者是地板走廊的缝隙中，这样操作者可以随时了解每个人所处的地理位置。

第三章　沟通主体心理因素分析

学习目标

1. 了解危情沟通过程中各方心理特征及情绪变化。
2. 掌握三种人质心理效应的来源事件、含义及应对策略。
3. 熟悉斯德哥尔摩效应的产生原因及条件。

案例导读

日本大使馆人质危机事件[①]

1996 年 12 月 17 日，在秘鲁首都利马，14 名图帕克·阿马鲁革命运动（Túpac Amaru Revolutionary Movement，简称 MRTA）成员挟持了正在日本驻秘鲁大使官邸参加明仁天皇诞辰 63 周年庆祝活动的数百名包括日本大使青木盛久在内的高级外交官、政府和军方官员以及企业高管。这一事件被称为"日本大使馆人质危机"（Japanese Embassy Hostage Crisis）。

（一）事件始末

1996 年 12 月 17 日晚，在利马日本驻秘鲁大使馆内，日本大使青木盛久为日本明仁天皇的 63 岁寿辰举行庆祝宴会，秘鲁政府和军方高级官员、知名人士和各国外交使节 800 多人应邀参加。14 名图帕克·阿马鲁革命运动组织成员在化名为韦尔塔司令的内斯托·塞尔帕的指挥下，化装成侍者，将大批武器及弹药隐藏在蛋糕里，骗过使馆外围警察的检查，混入使馆内。在 20 时 30 分许，劫持者取出武器，与使馆内的警察和保安人员短暂交火后，迅速控制了使馆两层楼的所有出口，将馆内 540 余人（800 余名来宾中有 200 余人因公务提前退场）扣为人质。在被劫人质中，有秘鲁外交部长、农业部长、最高法院法官、反恐警察司令以及国家安全机构负责人等高层要员；时任总统藤森的母亲、妹妹、弟弟以及后来的秘鲁总统亚历杭德罗·托莱多也在其中；除中国、美国、墨西哥等国大使因公事提前十余分钟退场外，前来出席招待会的德国、法国、巴西、玻利维亚、古巴、委内瑞拉、韩国等 18 个国家的大使、代办以及外国驻秘鲁的跨国公司的代表全部被挟持。

劫持者提出一系列要求：一是释放在押的 460 名图帕克·阿马鲁革命运动成员；二是修订政府的新自由主义自由市场的改革；三是要求政府拒绝日本在秘鲁的援助项目；

[①] 案例改编自 https://baike.baidu.com/item/%E6%97%A5%E6%9C%AC%E5%A4%A7%E4%BD%BF%E9%A6%86%E4%BA%BA%E8%B4%A8%E5%8D%B1%E6%9C%BA/13382431?fr=aladdin。

四是要求秘鲁当局改善监狱条件及其残忍不人道的地方,并声称若政府不答应其要求,他们将杀害人质。人质事件发生后,秘鲁政府立刻出动大批军警,对日本大使馆进行了严密封控。次日,秘鲁政府委任卫生部长多明戈·明帕莱莫作为政府代表前去与劫持者谈判,但遭到拒绝,劫持者坚持要求藤森总统亲自出面谈判。18日夜间,在国际红十字会的斡旋之下,劫持者首先释放了包括外交官夫人在内的约40名妇女和老人,其中包括藤森总统的母亲和妹妹。

21日,在人质危机进入第4天时,藤森总统直接对公众公开讲话,表示十分关心人质的生命安全,称政府将尽全力争取和平解决人质危机,但断然拒绝劫持者的要求,并严正要求劫持者"立即放下武器,释放人质"。由于秘鲁政府与劫持者在释放在押的图帕克·阿马鲁革命运动人员问题上难以达成协议,致使谈判屡屡陷入僵局,秘鲁政府与该组织之间艰难而漫长的对峙一直持续到1997年4月。在此期间,秘鲁政府既坚持了不向劫持者妥协,又保持了相当的灵活性,不断派出代表与劫持者谈判,并通过国际社会向劫持者施压,迫使劫持者在4个多月的时间里没有杀害人质,并且还分几批释放了大批人质,到最后只剩下72人被扣。

1997年4月22日,在秘鲁情报部门经过长期的窃听和侦察,彻底掌握了劫持者和人质在官邸内的情况后,秘鲁军队和特种警察部队组成的军警突击队从事先挖好的5条地道进入日本大使馆。被营救的72名人质中,除一名人质(秘鲁最高法院法官阿库尼亚博士)心脏病突发而死以外,大部分人都安然无恙,有25名人质因轻伤和身体状况不佳被送往医院接受检查和治疗。

(二)各方反应

日本首相桥本龙太郎在人质危机解除后的次日早上7点的记者会上对人质获救表示感谢,并派遣外相池田行彦前往秘鲁处理事后事务。池田飞往秘鲁后,向秘鲁政府表达了他对人质获救一事的感激之情,并转交桥本龙太郎首相写给藤森总统的一封私人信件。在秘鲁政府解决了人质危机后,日本政府决定恢复对秘鲁的财政援助。包括美国在内的美洲各国也对秘鲁解决人质危机感到满意。在德国避难的图帕克·阿马鲁革命运动的发言人贝拉斯科在得知消息后打电话给巴拉圭亚松森"卡迪纳尔"电台,指责日本违反维也纳公约有关大使馆享有治外法权的规定,允许秘鲁军队进入其官邸。左翼政治家哈维尔·迭兹·坎塞科是被释放的38名人质之一。释放后不久,他为MRTA进行了辩护,并呼吁政府协商解决。坎塞科说,劫持者"18至20岁,也许21……他们是一群特种部队、突击队。我想这些年轻人想活命。他们不想死。"亚历杭德罗·托莱多被释放后说,MRTA真正想要的是一个特赦,允许其成员参与公共生活。他说,任何试图通过武力解救人质的方法都将会使他们"疯狂",他们"武装到牙齿"。他说,在大楼房间里,安放了炸药,还有屋顶。他补充说,劫机者有反坦克武器,带着装满炸药的背包,可以通过胸部的拉绳引爆。

危情沟通实质上是沟通双方心理较量的一个过程,是沟通双方的一场心理战。准确认识和把握民航劫持行为人(劫持者)和劫持对象(人质,即被劫持的机组人员或乘客等)的心理动向和情绪状态,是保障危情沟通顺利开展的重要前提,也是有效控制现场危机的重要途径。

【问题思考】

请谈一谈民航劫持事件中，劫持者的心理状况和发展阶段。

第一节 危情沟通各方心理特征

一、劫持行为人心理特征

在所有的劫持危机事件发生时，劫持行为人都处于一种异常激动、兴奋和恐慌之中，民航劫持行为人也不例外，此时的他们身心都承受着巨大的压力。在危情沟通过程中，对话人员要善于分析和把握沟通对象的心理状态、变化趋势及情绪特点，为后续的处置行动或计划方案的实施提供可靠有效的信息，从而确保危机事件得到妥善处置。

（一）初期阶段

劫持事件伊始，劫持行为人与劫持对象（人质）的内心都是极度不平静的，劫持对象（人质）被突如其来的事件所震惊，而劫持行为人正处于高度的恐慌和亢奋状态，对周围任何细微的变化都异常警觉。这时候，劫持对象（人质）任何逃脱和反抗的行为都极易触怒劫持行为人，从而导致对方做出过激行为，危及劫持对象（人质）的生命安全。此时的劫持者行为粗暴、言辞激烈，极度抗拒和排斥前来帮助自己的民航服务人员。在这样的情绪状态下，与其建立良好的对话关系的可能性是比较小的。因此，民航服务人员要及时介入进行危情沟通，尽可能控制现场态势，稳住对方情绪，安抚劫持对象，防止其受到更深程度的伤害，降低危险水平。在全面了解对方的犯罪动机和明确其具体诉求后，初步判断劫持行为人的个性特点及心理状态，有针对性地提出解决方案。

（二）中期阶段

当对话沟通进行到中期阶段时，劫持行为人的激情状态已经慢慢平复，情绪逐渐冷静下来，此时其内心已由开始的焦躁、紧张慢慢归于平静，并开始恢复理智，强烈的求生欲望占据了其心理的主导地位。在此阶段，劫持行为人并未放松警惕，对周围的动态始终保持警觉性的怀疑和戒备情绪，担心不利情况随时出现，但总体上劫持行为人的表现是相对安静的，对抗性言辞和行为较最初阶段明显减少。此时需要尽可能帮助劫持行为人站在理性的角度看待问题，从双方的利益出发分析当前的形势，降低其期望值，提出最优的解决方案。

（三）后期阶段

随着时间的推移，进入处置的后期阶段，劫持行为人的精力、体力、耐力都将要达到一个临界点，为了尽早脱身和达到自身的目的，劫持行为人往往会提出相应的条件，并限定在一定的时间内完成，且态度都相当强硬。通过采用一定的沟通技巧和策略，降低劫持行为人的诉求成本、扩大事件成本，促使其心理状态实现从坚决到让步的改变。

在意识到自己的生命存在危险隐患、提出的要求不能得到及时的满足后，身心疲惫不堪的劫持行为人通常会以劫持对象（人质）的人身安全作为要挟来下达最后的通牒，妄图通过逼迫来满足其要求。危情沟通人员需要在沟通过程中掌握和利用劫持行为人的心理弱点，运用正确的沟通策略，抓住其求生欲望和侥幸心理提出对应的条件让其退步。

二、劫持对象心理特征

人质心理是指劫持对象遭遇劫持犯罪行为过程中的心理特征和行为反应。人质存在被害性，当劫持事件发生后，劫持对象（人质）的心理活动是十分剧烈的，在整个过程中会呈现一系列特征，主要表现为恐惧与焦虑、希望与兴奋、绝望与期待。

（一）恐惧与焦虑

突然遭遇劫持，个体生命财产受到威胁，异常的情景使劫持对象（人质）心理受到极大冲击，会表现得异常惊慌，情绪激动。虽然不同的劫持者采取的胁迫方式和作案工具不同，如持枪、刀、爆炸物等，但都是以威胁劫持对象（人质）的生命为手段，且为达到和实现自己的目的，手段都相当残忍。在初期阶段，劫持对象往往不相信眼前被劫持的事实，通常会采取相当激烈的行为试图反抗和逃脱，会出现高声叫喊、拳打脚踢或抱物不放等本能反应，这将会进一步刺激劫持者做出激烈行为。正处于亢奋和警觉状态的劫持者为了控制住劫持对象（人质）往往采取恐吓、虐待的方式，有的甚至不惜造成劫持对象的人身伤害，让他们在精神上遭受极度的恐慌和折磨。当意识到这种求助毫无用处，自己正面临死亡威胁的时候，劫持对象会表现得孤独无助。此时，劫持对象可能会试图在身边寻找可以用于自卫的工具，或直接选择挣扎对抗，或任其摆布。如果劫持对象（人质）试图逃跑，那么这一举动则会进一步激怒劫持者，令劫持者产生憎恶和仇恨，从而对其施加暴力，危机事态可能因此而迅速升级。在危情沟通介入后，危机处置人员如发现劫持对象有以上情绪和举动时，必须立即提醒他们尽可能顺从劫持者要求，保持冷静，并向劫持对象传达能够安全、和平地解决眼前的危机的信息，以平复其紧张慌乱和绝望无助的情绪状态。劫持对象冷静的精神状态有利于保障他的安全，同时也能避免危情沟通进程受过多的干扰。

（二）希望与兴奋

当劫持对象（人质）被劫持者控制后，由于处于生死未卜的境地，因而会出现害怕、担忧、焦虑、抑郁等情绪。随着危情沟通进程的推进，劫持对象内心会有一些释然，对危机处置人员的依赖感和自己被解救的希望大大提升，因而会变得兴奋起来。但是，劫持对象内心的兴奋容易触发劫持者不理智行为的发生，给其带来不可估量的人身伤害。所以，危机处置人员要适时提醒劫持对象控制自己的情绪，避免在言语和行为上激怒劫持者，尽量顺从劫持者，伺机逃脱。

（三）绝望与期待

随着对峙时间的推移，劫持对象的神经高度紧张、心理压力激增，其体力、精力、耐力都经受了极大的考验。如果在短时间内不能和劫持者达成解决方案，那么随着时间的延长就极有可能导致劫持对象的精神处于崩溃状态，他们会认为危机处置人员无能，没有考虑他们的人身安全和生命安全，从而导致劫持对象产生怨恨、绝望、紧张、焦躁等情绪。此时，劫持对象会把自己当前的处境归结为危机处置人员不配合劫持者所导致的，希望能够赶快做出妥协来保障自己的人身安全，情感会转向劫持者一方。也就是，在一些案件当中会出现的"斯德哥尔摩效应"或称为"人质情结"，其表现为对劫持者产生依赖感、信任感和认同感。

第二节　人质心理效应分析

一、斯德哥尔摩效应

（一）名称由来

1973 年 8 月 23 日，瑞典首都斯德哥尔摩柯瑞迪特（Kredit）银行发生了一起抢劫案。两名有犯罪前科的劫匪闯进了瑞典斯德哥尔摩市内最大的一家银行，在意图抢劫失败后，劫持了四名银行职员，并将他们扣押在银行的地下金库中。警方迅速包围了银行，并与劫匪谈判。经过六天（130 多个小时）的僵持，谈判有了结果。劫匪把三个人质推出来，按照警方指定的一条路离开。在警方想抓捕劫匪的时候，几名人质反而将劫匪掩护起来，保护他们不受警方的伤害，并帮助他们逃亡。这起事件发生后几个月，这四名遭受劫持的银行职员仍然对劫匪存有怜悯之情，他们拒绝在法院指控这些劫匪，甚至还为其筹措法律辩护的资金，他们都表明并不痛恨劫匪，并表达他们对劫匪非但没有伤害他们还对他们有所照顾表示感激，并对警察采取敌对态度。更为离奇的是，其中一名女性人质竟然还爱上了其中一名劫持者，并与他在服刑期间订婚。

此种反常的现象使得世界范围内的司法心理学界为之震惊。在近 130 多个小时的共处时间内到底发生了什么，能够让人质"爱上"劫持者？经过大量的实证性调查研究后，瑞典犯罪心理学家尼尔斯·贝耶洛特将这种人质因受强大心理压力而引发情感导向倒置的表现称为"斯德哥尔摩效应"。

斯德哥尔摩效应又称为斯德哥尔摩综合征、斯德哥尔摩症候群或人质情结或人质综合征，是指犯罪被害者对罪犯产生情感，反过来帮助罪犯的一种情结。这种情感导致被害者对加害者产生好感、依赖，甚至协助加害于其他人。斯德哥尔摩效应一般会经历以下三个阶段：

1. 极度恐惧。几乎极少有人具有作为人质的丰富经验，由此突如其来的危机使得没有任何经验的个体产生极大的心理冲击，理性思维通道严重受阻。

2. 害怕与认同。与劫持者长期相处的过程中，劫持者成为人质唯一的信息来源。在交流中体会到对方的不得已行为，由此人质在并未受到实质性身体伤害的前提下，共同处于持续困境当中使得劫持者与人质产生相互的认同与同情。

3. 提供帮助。基于认同和同情，人质会给予劫持者无形的帮助，如配合劫持者、不私自逃脱、安抚劫持者等，甚至在很长的一段时间对劫持者产生心理依赖。

【问题思考】
斯德哥尔摩效应产生的原因是什么，是否存在性别差异？

（二）心理解析

对于斯德哥尔摩效应产生根源的探究与解释，学界从未停止过，不同学科领域的专家从生物学、犯罪学、遗传学以及心理学的角度见仁见智，给出诸多解释和分析，如"人质被教化理论""犯罪本能激发学说"等。众多理论中以犯罪心理学家的实证性研究最具代表性与说服力，以下主要从心理学视角对于其原因进行解析。

1. 认知偏差。劫持者挟持人质与政府或处置方对峙，由此在人质事件处置过程中，人质、劫持者和危机处置方三者间的这种相互影响又相互依存的复杂的互动关系，其所产生的有利或不利的思想情绪会明显呈现于各方的表现中。危机处置方作为事件处置的主体，力求控制事态发展并尽可能通过和平方式解决问题，将处置社会成本降至最低。但在处置过程中，人质的认知偏差甚至是误解可能会使其对处置方产生不信任乃至埋怨，导致情感向另外一方——劫持者倾斜以保障安全，进而认同劫持者从而产生斯德哥尔摩综合征。

2. 角色认同。危机事件中的人质在遭遇极度恐惧、害怕以及惊吓等强大心理压力后，在潜意识中同样会激发心理防御机制的启动，通过有效的心理防御帮助主体减轻或免除精神压力恢复心理平衡。特别是在与劫持者长期共处且缺乏外界信息支撑的情况下，人质的心理防御机制更大程度地倾向于通过建立劫持者与人质的良好关系来维护主体安全。经过一定时间的共处与语言、动作或眼神交流等，在劫持者并没有施害于人质的前提下，基于心理防御机制的扩散效应，双方甚至都会产生对于对方角色的认同：人质生命受到劫持者威胁，而劫持者也处于随时被处置方攻击的生命危险当中，大家都处于困境之中难以自拔，且相互关系处于依赖状态，原本对立的立场寻找到交集，二者也会尝试体会对方困境乃至相互同情。由此，角色认同的心理防御机制会促使人质产生斯德哥尔摩症候群。

美国联邦调查局人质救援处的谈判组成员们在长期的危机谈判实践中得出结论，以下四个条件具备时，人质就很容易形成斯德哥尔摩效应：

（1）人质处于完全被控制状态，且经过评估后发现逃脱是不可能的事情。

（2）人质时刻都感受到劫持者完全掌握和控制着自己的生命安全，除了顺从和任其摆布，别无选择。

（3）劫持者并无恶意严重伤害人质，在共处过程中会进行言语安抚或照顾人质的情绪，甚至会提供小恩小惠给人质，让其感觉劫持者并非丧失人性的恶魔。

（4）劫持者能将人质与外界的交流完全隔绝，人质能得到的信息和思想都是劫持者能控制、经挑选后给予的。简言之，人质被劫持者主导。

3. 群体意识再范畴化。人类对事物分类的心理过程即范畴化过程，其结果即认知范畴。群体意识的范畴在人类社会活动中不断形成。而在强大心理压力及极度恐惧心理状态之下，非理性的意识可能将群体意识再范畴化，从而导致分类乃至立场的改变。危机事件现场中，劫持者与人质之间存在着很强的相互依赖的关系。劫持者深知，人质是其手中对抗警方和政府的唯一筹码，人质生命一旦受到伤害，处置方很有可能会诉诸武力解决；反之亦然，人质也非常清楚自身安全的控制权的归属。这促使一种"我们"

和"他们"的再范畴化区分，使得原本处于对立位置的人质与劫持者之间，因为共同的困境被再范畴化为"同质"群体。劫持者与人质所关注的共同问题都依赖于处置策略的实现效果。

（三）影响因素

对于斯德哥尔摩效应影响因素的研究很多，下面主要概述两种影响因素模型。

1. 七因素模型。研究者詹姆斯·特纳认为，以下七个因素会影响斯德哥尔摩效应的产生：

（1）交流方式。研究者发现，面对面的交流方式更容易导致人质与劫持者产生积极的情感联结。面对面的沟通使人质有机会了解劫持者作为一个普通人的成长经历和人生追求，以及他们遭遇的问题和对政府敌意的缘由。人质逐渐相信，劫持者的观点是正确合理的。在有政治和意识形态因素卷入其中时，情况更是如此。相反，如果人质被戴上面罩或者单独被关在屋子里，也就是人质与劫持者隔离，则不会对劫持者产生认同。

（2）施暴阶段。发生在不同时间的暴力，对斯德哥尔摩综合征的产生会有不同的影响。实施劫持时的暴力，不会阻碍认同的产生。劫持成功后，如果某位人质有过激的或挑衅的行为，并因而受到了劫持者的体罚和制止，这种暴力行为会被其他人质所接受，认为他是"罪有应得"，因为他破坏了整个情境的稳定，并威胁到了其他人质的生命。但是，没缘由的暴力虐待会使人质难以控制，并且使他们不易对劫持者产生同情心。

（3）共同语言。如果人质和劫持者讲不同的语言，这对斯德哥尔摩效应的产生与形成是一个障碍。在1977年9月日本航空472号班机遭劫持事件中，那些与劫持者说同一种语言的乘客有了对劫机者的认同，而其他乘客则没有。

（4）个体经验。经验丰富的劫持者会采取一定策略，让人质认同他们，告诉人质他们是安全的，并且大多时候对人质比较尊重，同时自己又不会对人质产生同情。同理，人质如果知识广博、阅历丰富，也会使自身受益，而且他们可以表现得更加通情达理、有人情味，从而使劫持者不愿意做出伤害其生命的行为。

（5）价值结构。斯德哥尔摩效应通常被用来指人质对劫持者的一种积极归因及认同，但实际上，劫持者同样也可能站在人质的立场上行事。认同实际发生的方向，取决于哪一方的信念更坚定。那些个性顽强、对自身和自身的生活方式有坚定信念的人质，如果有足够的时间，他们就会在日常接触中逐渐对劫持者产生影响。

（6）刻板印象。特纳认为，斯德哥尔摩效应会强化在双方的观念中已经根深蒂固的刻板印象，但是2002年俄罗斯文化剧院的人质事件对特纳的这一论点提出了挑战。俄罗斯人一直对车臣人持有偏见，认为他们是不开化的山里人，但经历这次人质事件后，最后活下来的人质逐渐放弃了他们之前的这种印象和观点。对此，一个比较好的解释是情景的去范畴化。此时，人质与劫持者的互动是一种人际互动而不是一种群际互动，情景变成一种去范畴化的情景，人质可能更关注每个个体的特异性信息，相应地较少注意以群体为基础的刻板信息。这种个性化的接触形式，加之劫持者对人质的一些善行，使得斯德哥尔摩效应的产生在情理之中。

（7）时间长度。时间是整个人质事件发展过程中必须考虑的因素之一。在人质事件的早期阶段，人质和劫持者持有的关于对方的刻板印象主导着他们的思维和行为，但随着时间的流逝，其他因素开始介入到人质、劫持者、外界三者复杂互动当中。当各方面的因素倾向于导致双方积极的认同时，时间拖延是有利于人质的。否则，如果消极的认同产生或者既有的刻板印象被强化，那么事件持续的时间越长，人质就越危险，因为疲倦和压力会降低劫持者对挫折的忍耐程度。

2. 四因素模型。一些学者从人质与劫持者之间的互动关系中总结出了以下四种可以影响斯德哥尔摩效应产生的因素：

（1）人质的生命掌握在劫持者手中。劫持者威胁会杀死人质，并且人质也相信他们完全有可能这么做，自己的生命完全掌控在劫持者手中。

（2）劫持者向人质表达某种程度的善意。人质清楚地意识到，生命掌控在劫持者手中，所以劫持者对他们的惩罚、虐待并不值得惊讶，即便这是一种负面的身体遭遇和情感体验。相反，当劫持者向他们表现善意或给予他们一些小恩小惠的时候，则会让他们非常感激。这些善举是斯德哥尔摩综合征形成的基石。人质将所有这些都感知为劫持者赐予他们的生命礼物。劫持者威胁他们生命这一事实被忽略了，他们为当下被给予的生命所感动。人质从心理上认为，他们还活着是因为劫持者"没有杀死我"，这是一种"被恩赐的存在"。从这种视角看，斯德哥尔摩效应的产生是因为人质对劫持者施加于他们身上的伤害的否认，和对"赐予生命"的感恩。这是一种双重感激，一方面是因为劫持者没有实施人质所预想的最坏的行为，或者说人质因为没有被杀死而产生的负向感激；另一方面是人质对劫持者给予他们的关心和照顾的正向感激。

（3）人质没有逃脱的机会。那些试图逃跑的人质皆死于劫持者的枪口下。这个事实更加强化了人质的这种认识：人质的生死完全掌控在劫持者手中。怎样在这种高压的情况下提高生存机会，成为压倒一切的思想。在这样的情景下，人质很清楚要想活下来应该怎样做。人对情景主宰者（如劫持者）的认同，会确保个体的生存和受到保护，此时认同成了一种自我保护机制。受害者体验到的无助感越强烈，认同也就越明显。

（4）人质与外界隔绝。人质所能得到的信息皆来自劫持者，这一点使劫持者有机会在短暂的时间里对人质进行再社会化，或者说对其进行洗脑。我们很少对我们所接受的观念提出质疑，它们看起来是那么的合情合理合法，以至于我们一直想当然地接受。这些观念也很少受到别人的挑战，因为在我们的周围，大家接受的也都是同样的价值观念。在没有疑义的环境中成长起来的人对异端没有免疫力，所以在劫持者的高压面前，人质原来的信仰体系不堪一击，重新占据人质头脑的是劫持者的那套观念系统。人质开始站在劫持者的立场上，透过劫持者的眼光来重新看待这个世界。这种转化一旦发生，斯德哥尔摩效应的产生就在所难免了。

（四）对谈判对话的影响

1. 正面效应。斯德哥尔摩效应并非是人质事件中的普遍现象。据美国联邦调查局危机谈判数据库 HOBAS 系统显示，从 1985 年至 2005 年近 20 年间发生的劫持人质案件中，大约有 23% 会自动产生斯德哥尔摩症候群，其中在未成年人作为人质的案件中最容易产生斯德哥尔摩症候群，其次是妇女。

全美人质事件频发的两大警察局——洛杉矶警察局（LAPD）和纽约警察局

(NYDP)谈判小组的近200份问卷显示,96%以上的谈判员认为促成斯德哥尔摩症候群对保障人质安全和事件的和平解决具有更积极的意义,并且此举在众多谈判实践中取得了良好成效。

尽管斯德哥尔摩症候群的形成几率并非很高,但该症候群对于人质劫持事件的助益的确是不可忽视的。一定程度的斯德哥尔摩症候群可以有效保障人质的生命安全,帮助谈判小组达成处置方既定目标。斯德哥尔摩症候群作为人质危机谈判中的双刃剑,处置方应因势利导,充分发挥其正面作用。

(1)安全需要。确保人质安全是处置方在解决人质危机事件时的首要目标,通过一定方式促成斯德哥尔摩症候群的形成,在处置方可控的范围内确保人质当下的安全同样是和平谈判的重要条件之一。作为事件重要当事人一方的人质,在完全被动受控的情况下,积极的斯德哥尔摩症候群可以改善与劫持者的关系,获得同情并且维持自身安全需要。事实上,这也是人质在危机状态下唯一能做的有利于事件和平解决的积极工作。

(2)回归人性需要。人质与劫持者长时间"近距离"共处,双方必定建立一定的关系。相对于紧张和敌对的关系而言,友善和相互理解的关系更利于事件的解决。处置方谈判小组的目的正是期望利用这种良好的人际关系帮助劫持者回归人性,在良好的关系中感受人性关怀与体贴,从而选择放弃极端行为。

(3)理性思考需要。经过一段时间的良好共处,劫持者与人质在一定程度上培养了信任感,双方交流逐步开始。相对于向处置方诉说不幸,劫持者通常会更倾向于向人质倾诉。在斯德哥尔摩症候群作用下的人质会成为劫持者忠实的聆听者,在帮助其宣泄的同时甚至可以给予对方建议,帮助其寻求理性思考解决问题的有效途径。

2. 应对策略。由于斯德哥尔摩效应是人质的一种反常心理,一是对劫持者产生好感,二是对谈判人员及处置方产生憎恨。前者对谈判是有利的,但后者对谈判是不利的,会使人质在一些关键时刻帮助劫持者制造假象或者保护劫持者,给解救行动造成麻烦。这种心理主要是因为谈判进展太慢,人质无法感受到外界对他们的关心和帮助,劫持者丝毫的恩惠就会被人质无限扩大。为此,在危情沟通过程中,要尽量避免这种情况,可以不断强调人质生命安全,传达处置方的关心、关注以及人质家属的心情状况等,以抑制一些不利于危机解决的心理感受的出现。

二、伦敦综合征

伦敦综合征,又称伦敦症候群,是指一种人质持续与劫持者争吵或威胁挑衅劫持者,结果导致人质遭劫持者杀害的情境。

(一)名称由来

1980年4月30日,6名全副武装的恐怖分子占领位于伦敦的伊朗驻英国大使馆,劫持26名使馆人员作为人质。英国在经过六天和劫持者对话谈判、无法达成协议之后,决定武力解救人质。正当英国反恐特种部队拟定解救计划之际,一名人质遭劫持者枪杀身亡。人质身亡成为特种部队武力解救其他人质的导火线,武力处置人员迅速采取了行动,25名人质全部被解救。行动前遭劫持者杀害的人质,之前不断与劫持者争辩争吵,即使其他人质劝阻他也不听,甚至还以肢体挑衅劫持者。结果在被警方围困了几天之后，劫持者因为他们的要求得不到进一步的回应而愈发沮丧，决定要杀一个人质时，一下就挑中了他。专家称此为"伦敦综合征"，意思是指人质与劫持者争吵而导致劫持者杀死人质的情境。

（二）应对策略

从某种意义上来讲，被劫持的时间越长，生存的概率就越大。最危险的其实是被劫持的最初几分钟，此时的劫持者由于处于高度紧张和亢奋状态，劫持对象的任何挑衅行为都会让劫持者变得暴躁并付诸暴力。因此，作为人质来说，最好的保全自己的方式就是听从劫持者的命令，避免在言语和行为上挑衅劫持者，要理性冷静地面对危机，才可能有机会活下来。一旦最初的几分钟过去，人质需要做好长期应对他们的准备，专业的危机处置团队会尽力确保人质的安全。如果劫持者跟人质说话，只要做出简短理智的回答就可以，避免与其争论，特别是对针对像宗教和政治这样敏感的问题。在危情沟通过程中处置人员应该充分留意人质的情绪反应和波动，暗示或者通过对话让人质了解求生的基本原则，保持心情平静，尽量避免出现人质触怒甚至挑衅劫持者而被杀害的情形。

三、歇斯底里狂哭牢骚综合征

歇斯底里狂哭牢骚综合征，则代表了与伦敦综合征相反的另一种极端情况。人质是因为哭泣、发牢骚、请求、抱怨过度而引起了劫持者的注意，从而遭到杀害。

（一）名称由来

1985年，美国纽约的一起劫持人质案件中就出现了这种综合征。一名黑人男子由于种族歧视问题而劫持了一群男女作为人质，其中有黑人也有白人。当最后期限已过，而其所提要求仍未被满足时，他便挑了一名黑人女性人质将其杀害。他这样做是因为这名黑人女性人质不停地哭闹、发牢骚，还请求他可怜她。被激怒的劫持者心烦气躁之下将其杀害。

（二）应对策略

在劫持事件发生后，危情沟通人员不能随意策动或暗示人质采取无把握的自救行为，而是应规劝或暗示人质配合解救工作，并安慰、缓和其惊恐情绪，要求其尽量满足劫持者要求，冷静配合、顺从劫持者，同时密切注视案件的发展，配合处置方的行动，积极为自己的生存寻找机会，避免不必要的伤亡。人质良好的心理状况以及与劫持者的相互关系也直接影响危情沟通和危机处置的进程和结果。对于处置方来说，劫持事件的处置不仅要保障人质的生命安全，而且要尽量降低事件对人质的心理伤害，因此在危情沟通进程中，需要利用有利时机了解人质的心理状况，冷静对待人质的特殊心理现象并予以积极引导。

对任何人来说，被当作人质是一次可怕的经历，尽管充满恐惧和危险，但也有求生的希望。在民航危机事件中，人质作为劫持者手中的筹码，是劫持事件的直接受害人，存在着一些特殊的心理现象。民航劫持事件中的处置或介入人员应该重视对信息资讯和谈判经验的归纳整理，了解人质普遍的心理现象和规律，探索其特殊的心理效应，研究应对策略，从而提高危情沟通的水平，为成功解救人质及和平解决民航危机事件打好基础。

同步练习

1. 简述劫持者不同阶段的心理状态及应对策略。
2. 在人质劫持事件中会出现哪些心理效应?
3. 斯德哥尔摩效应产生的原因是什么?其影响因素有哪些?
4. 结合实际案例、影视资料和拓展阅读材料,谈一谈对斯德哥尔摩效应的理解。

拓展阅读

斯德哥尔摩综合征:不平等权力关系下的认同体验①

受害者与压迫者之间这种倒置的情感联结,并非只存在于劫持事件中,只要双方之间(无论是个人还是组织)存在不平等的权力关系,(如果满足一定的条件)处于弱势的一方都可能对主导者产生认同体验,如人质对于绑匪,第二次世界大战期间的犹太人对于纳粹军官,以及遭受家庭暴力的妻子对于丈夫。

人质对绑匪的认同与服从

因为"斯德哥尔摩综合征"这一名称最初源于人质劫持事件,因此它通常被用来描述人质与绑匪之间的关系。帕翠卡·哈斯特(Patricia Hearst)是在讨论这个主题时经常被提到的名字。1974年,美国新闻界名人怀特·哈斯特(R. Hearst)19岁的孙女帕翠卡·哈斯特被"赛博尼斯解放军队"(Symbionese Liberation Army,SLA)绑架。在被扣留的近两个月的时间里,帕翠卡不断受到绑匪的威胁,并且遭受过强奸。后来她同意加入这个组织。在 SLA 一次最臭名昭著的银行抢劫案中,帕翠卡独自一人拿着武器等候在银行外面接应的车里。她本可以利用这个机会逃跑,但是她非但没有这么做,反而成为这次银行抢劫案的参与者,她也因此而被捕。帕翠卡后来这样解释她的行为:他们正在试探我,我必须通过试探,否则我就得死。[1]

2002年秋,在位于俄罗斯首府莫斯科的 Dubrovka 文化剧院中,800多名观众被40名自杀式袭击的恐怖分子劫持为人质。事件解决后,一名美国学者和两名俄罗斯同行对11名人质(2男9女)进行了访谈。结果发现,除了一名男性人质以外,其余的人都不同程度地表现出了斯德哥尔摩综合征的症状。[2]

无论是帕翠卡、文化剧院的观众还是其他情景下的人质,在那一段时间里,体验了从未体验过的恐惧和无助。在被囚禁的环境中,人质丧失了时间感,因为关押人质的地方通常没有窗户,见不到阳光。那是一种度日如年的生活,而且不知道这种日子什么时候会结束。人质正常的生活秩序被打乱,处于生理期的妇女没有必要的护理措施。他们思念亲人,不知能否活着见到他们。此时对于受害者来说,求生的动机超过了一切,包括对控制者的憎恨。为了取悦控制者,受害人对于他们的喜怒哀乐高度配合,结果受害人关心压迫或控制他们的人胜过关心自己。

---

① 高明华. 斯德哥尔摩综合征:表现、成因和应对. 中国农业大学学报:社会科学版, 2009, 26 (1): 143-146.

平庸之恶："二战"期间一些犹太人效力于纳粹军官

在第二次世界大战期间的德国，犹太人被剥夺了全部资源，纳粹的暴力已经强大到几乎摧垮他们的意志与韧性，他们所有的一切皆掌控在纳粹的股掌之间。对于处在这种情势下的犹太人，增加逃生的机会或者缩小死亡的范围是理性行动的目标，"继续活下去"成为衡量行为选择的标尺。[3]一些犹太人欣欣然地接受纳粹军官分配给他们的任务。他们有的成为集中营的文职人员，有的在驱逐犹太人委员会工作，或者成为犹太人居住区的警察，具体执行驱逐任务。作为回报，他们可以获得食物和一些其他犹太人不能享有的特权，当然也有极少数人因此而免于一死。[4]纳粹军官为了对犹太人进行操纵和控制，尽力让受害者相信：作为整体的犹太群体的待遇并不是整齐划一的，个体成员之间存在着分化，每个人自己的长处可导致自身的拯救，他们的命运至少受到他们眼下所作所为的影响；因此作为理性的行动者，犹太人不得不根据他们所预想的纳粹的反应来调整自己的行为。但是他们每迈出理性的一步，都会加深受害者的无助，使他们一寸一寸向最终的灭亡靠近。鲍曼将这种出于"自我保全"而做出的行为选择称为"为集体毁灭服务的个人理性"。[5]被统治者的理性，成了统治者手中的武器。换句话说，正是因为这些犯人贡献了他们的劳动力，纳粹的杀人机器才会运转得如此有效，否则集体屠杀这种程序繁复的任务将会遭遇各方面的问题：管理、技术和资金。[6]而且，因为有了犯人的参与，军官们不必弄脏他们的手。

在《艾希曼在耶路撒冷：关于平庸之恶的报道》一书中，阿伦特提出了著名的"平庸之恶"（the banality of evil）的说法，[7]分析了专制制度下个人的道德责任问题。"平庸的邪恶"与"激进的邪恶"不同。激进的邪恶，是极端的邪恶，是一种前所未有的原创的邪恶。激进的邪恶不可罚、不可恕和不可知。纳粹统治下的灭犹行动，是激进邪恶的代表，而平庸的邪恶则体现在我们熟悉的世界中的熟悉的人物身上。在艾希曼那里，阿伦特看到了活生生的平庸化的邪恶：一个彬彬有礼的人，在种族屠杀中犯下弥天大罪，而他的动机却是极平常的服从命令和尽忠职守。与艾希曼别无二致，那些选择与纳粹军官合作的犹太人，其动机也如此直接明了，那就是在这种极端的情景下换得一些基本的生存需求，增大自己的生存机会。他们自身受到威胁和伤害，但却又为那些给他们带来灾难的人服务，在他人身上实施自己所承受的苦痛。

家庭暴力受害者对丈夫的依恋

斯德哥尔摩综合征不仅可以发生在高紧迫性的情景下，在浪漫关系中，这种"被倒置的依恋"同样存在。遭受家庭暴力的妇女，经常对外界袒护自己的丈夫，并且认为丈夫施暴是因为自己做得不够好，一般情况下她们也不会主动选择结束这种浪漫关系。受暴妇女在遭受家庭暴力期间，可以被视为施暴者的人质，因为两者在许多方面有极大的相似之处。首先，受害妇女能够感受到丈夫对自己身心的威胁。丈夫经常会说，如果她敢报警下次打得更狠，或者她要是提出离婚，就杀死她或她的全家。对此受害人极度恐惧。当一个人长时间生活在恐惧和压力之下时，其抵抗力就会逐渐减弱，或者以一种近乎孩童的态度讨好丈夫。

其次，丈夫的悔改表现相当于绑匪对人质的善行或者小恩小惠。在压迫环境下生存的妻子，总是会寻找点滴的希望以证明现状可以被改善。这时丈夫的些许爱意，都会被妻子夸大为丈夫悔改的表现。暴力平息后，施暴人有时会买一些小礼物给妻子，或者向妻子道歉，保证以后再不会发生同样的事情。这时受害妇女很容易被打动。她们经常会以这些事实向自己也向他人证明，丈夫在没伤害她们的时候有多么爱她们，丈夫是好丈夫，只是偶尔做错事。

再次，受害妇女与人质一样，她们与外界的联系要么不可能，要么受到严格的限制。如果我们的口袋里只有一元钱，我们的所有决定几乎都是经济决定。如果我们的伴侣是一位施暴者，那么我们会想尽办法避免暴力的发生。如果家人或朋友的一个问候和关心的电话会引发两个小时的家庭暴力，那么在妻子看来，外人是麻烦的制造者，应当尽量避免与他们联系。如果孩子的哭闹会扰乱丈夫的心绪，或者受到伤害的孩子引起了学校的注意，这时，妻子会认为孩子也会破坏家庭关系的稳定，她们宁愿亲属或有关部门将孩子领走，也不会选择离开丈夫。如果有司法部门干预，受害女性常常谎称自己身上的伤是不小心碰的，她们不希望施暴人被追究刑事责任。当警察要带走施暴人时，会遇到受害人的阻拦，她们担心丈夫回来之后暴行会变本加厉。如果施暴人完全控制了受暴妇女的经济来源和人身安全，那么不违背施暴人的意愿，对受害人来说，是符合最大利益的选择，也是在那种情况下唯一的生存之道，否则她挨打的次数更多，受的伤害更重。

最后，如同人质被绑匪切断了与外界的联系一样，受暴妇女也完全暴露于丈夫对于自己的评价当中。在暴力家庭关系中，施暴人不断地贬低、侮辱妻子，故意伤害她的自尊心。这种负性评价听得多了，它就成了一种"被强加的自我定义"。逐渐地，妻子会认同丈夫对她的评价，相信自己有很多缺点，所以丈夫才打他；相信自己没有能力，什么事都做不好；相信除了他没有人会爱她、愿意娶她。[8]丈夫的评价，完全碾碎了妇女的自我价值感和自信心，她完全以从丈夫那里得到的爱的数量来评价自己。在她看来，丈夫是一位公正的评判者。她做的每一件事情都是为了吸引丈夫的目光，赢得丈夫的爱。如果丈夫实施了暴力，她认为是自己的失败。为什么受暴妇女受尽了丈夫的折磨，但在心理上对施暴人依然有强烈的依恋？一个显见的原因是，对于妻子来说，离开自己曾经爱过或仍然爱着的人，是一件非常困难的事情；而且妻子一般在家庭关系中倾注了很多心血，甚至牺牲了学习或者晋升的机会，妻子在家庭中投入的越多，离开就会变得越困难。

[1] Card C. Women, Evil and Gray Zones. Meta-philosophy, 2000, 31 (5): 509-528.
[2] Speckhard A, Tarabrina N, Krasnov V. Stockholm Effects and Psychology Responses to Captivity in Hostages Held by Suicide Terrorists. Traumatology, 2005, 11 (2): 121-140.
[3] 鲍曼. 现代性与大屠杀. 杨渝东, 史建华, 译. 译林出版社, 2006: 171.
[4] Card C. Women, Evil and Gray Zones. Meta-philosophy, 2000, 31 (5): 509-528.
[5] 鲍曼. 现代性与大屠杀. 杨渝东, 史建华, 译. 译林出版社, 2006: 172-178.
[6] 鲍曼. 现代性与大屠杀. 杨渝东, 史建华, 译. 译林出版社, 2006: 156.
[7] Arendt H. Eichman in Jerusalem: A Report on the Banality of Evil. New York: Viking, 1973.
[8] 陈敏. 呐喊——中国女性反家庭暴力报告. 人民出版社, 2007: 89.

第四章 危情沟通策略

学习目标

1. 了解民航劫持犯罪行为类型。
2. 掌握民航劫持犯罪具体沟通策略。
3. 熟悉不同武力劫持者心理行为特点及应对策略。

案例导读

揭秘1998年国航机长劫机到台湾事件[①]

1998年10月28日早晨，中国国际航空公司CA905次航班机长、正驾驶袁某登上了B-2949号波音737飞机，袁某的妻子徐某也由丈夫安排在正副驾驶后面的座位上。8点5分，这次执行北京—昆明—仰光飞行任务的航班飞上天空。除了徐某违反规定坐进驾驶舱外，一切情况都很正常，谁也不会想到，机长袁某将把飞机劫持到台湾。

8点40分左右，飞机飞至太原上空东北约30公里处，袁某突然以不寻常的低沉语调对副驾驶说："我要把飞机开到台湾，你配合我。"副驾驶在国航担任驾驶员已有十年，同袁某共事也已四年多，彼此飞行默契不错，相处也算愉快，面对袁某的突然之举，副驾驶一直以为是开玩笑，但看见袁某和他的妻子徐某一本正经的模样，他才知道是真的。副驾驶劝阻袁某不要干傻事，袁某故意猛踩方向舵，造成飞机晃动，并表示如果反抗或不配合，正副驾驶各自为政，可能使飞机方向不稳而失事，全机落个机毁人亡的下场。副驾驶基于乘客的安全，只得放弃副驾驶舱，将飞机驾驶权都交给袁某一人。

机组人员发现情况有异，敲驾驶舱门要进入查看，此时副驾驶想开门让其他机组人员也帮忙劝劝袁某，但袁某制止他放人进来。随后，袁某用麦克风向客舱广播，表示他准备将飞机开往台湾，要大家坐好，不要慌张或轻举妄动，绑上安全带，他保证机上人员安全。

（一）安全抵达台湾

9点15分左右，副驾驶通过飞航广播频道向航管中心汇报该机已遭劫持，将往台湾飞行。航管中心马上联络中国民航，中国民航曾通过无线电要求袁某放弃劫机行动，一直都没有成功。于是，10点20分左右电告台湾有关方面，请其协助处理相关事宜，台湾方面各相关单位由此展开了一连串的应变措施。

11点17分，被劫持的CA905次班机，在副驾驶的帮助下，安全降落在台湾中正机

[①] 案例改编自《长江日报》（1998年10月30日），作者彭金安。

场，停于战备跑道上。

CA905次航班上共有旅客95名（其中有20名外籍人士）、机组人员9名，全部安然无恙。飞机上的机组人员和部分乘客，在飞机转向不久就察觉方向不对，但因驾驶舱关上没办法进入，也无从阻止，部分乘客则是从窗口看见海洋，想起北京至昆明途中为内陆航线，不可能看见海洋而有所警觉，部分乘客则睡到降落中正机场才知道飞机遭劫了。对于这次机长劫机案，大部分乘客反应都算平静，并不显得慌张。

事件发生后，海协会紧急致函台湾海基会，请其转告台湾有关方面：（1）保证该机旅客、机组人员及飞机的安全；（2）由该机机组人员驾机于下午返回厦门，请台湾有关方面给予必要的协助；（3）尽快遣返劫机犯。台湾方面在13点作出人机分离的处理决定，并对其他乘客提供服务和中转第三地飞行的几点决议。为了了解劫机者的动机及行为，台湾方面迅速将袁某夫妇带出紧急侦讯，并对相关人员进行侦讯，包括9名机组人员和10名乘客。侦讯的过程在14点30分左右大致结束，14点40分，经过有关方面确认后的新任正驾驶和副驾驶在机场地勤人员的陪同下，下机一一检视飞机的轮胎、飞机外观等，做起飞准备。台湾有关方面则为飞机加油、为机上旅客提供饮料和食品。18点3分，这架飞机从中正机场起飞，19点18分在厦门高崎国际机场安全降落，稍作休整后，飞机再度起飞，于当晚23点35分平安飞抵昆明。本来从北京到昆明只需3个小时左右，但是CA905的旅客们却花了整整16个小时。

（二）劫机者私欲膨胀

劫机者袁某、徐某夫妇两人的年龄都不大。袁某1968年11月7日出生，再过几天才满30周岁，航校毕业，在国航任职5年，刚取得波音正驾驶资格，是国航最年轻的机长之一，可谓年轻有为，每月收入在1万元左右；徐某1971年3月13日出生，刚满27岁，在北京某小学教书。他们两人各自都有令人羡慕的工作，可为什么会做出这等劫机的事来呢？据说是为了分房。正在开会研究袁某劫机案的国航飞行总队赵书记告诉记者，袁某曾于1996年分得光熙门北里27号楼的两居室一套，按排队分房，他明年又能分到新房。温副书记和李副总队长也持这种看法。杨副总队长则颇为义愤地说袁某是"个人私欲膨胀"，"想要更多的房"，不可能满足他。袁某和徐某从10月5日起，就在家中密谋劫机到台湾。据说，他们还卖掉了自己的汽车。袁某称与其夫人商量劫机，其夫人徐某并不赞同，但因他十分坚持，徐某只好同意收拾行李随他同行。

（三）劫机者的下场

10月28日深夜，当台湾检方依袁某夫妇涉嫌违反台湾地区有关规定，且在台湾无固定居所而申请羁押获准后，准备将袁某夫妇分别送往桃园看守所和龙潭女监时，袁某夫妇确定两人已无法关在一起，眼泪随即从徐某的脸上流下来，而袁某无奈地看了妻子一眼后，也被送进囚车，两辆囚车就这样分向离去。袁某向台湾有关方面表示：夫妇俩愿意接受制裁，并一起在台湾坐牢，希望出狱后在台湾服务，贡献个人技术专长。后来二人得知可能会被判重刑，而且服完刑后还会被遣返，情绪都很低落。10月28日17点30分，台湾陆委会在中正机场的旅馆内举行了记者招待会，向记者报告了整个劫机事件的情况。台湾陆委会发言人表示："劫持飞机是一种国际性犯罪行为，不管劫机者是什么身份，是以哪种方式劫持飞机的，我们都将依法严办！"

劫机案发生后，立即在台湾各界引起强烈反响，人们要求对劫机行为予以严惩，不要让外界以为台湾是劫机犯的天堂；有的手持写着"两岸要和平，反对劫机"的标语，表达他们反对劫机的立场。对于劫机犯，海协会要求尽快遣返劫机犯。2001年6月28日，袁某和徐某被台湾遣返祖国大陆。

第一节 民航劫持犯罪行为类型

本书提及的行为人是指民航劫持犯罪事件中实施劫持行为的犯罪嫌疑人，不同类型行为人的劫持动机和心理状态是不一样的。人的动机和需求是引导和促使当事人行动的动力和源泉。从心理学的角度来说，当个体的供需关系得不到平衡或者处于失衡状态时，便会出现动机和需要，此时的个体便会采取一些行为来索取自己所需的东西以获得内心的满足，从而达到个体理想中的平衡状态。因此，在遏制个体的某种行为前，必须将了解和明确一个人的需求作为前提，并且掌握一定的技巧来应对其不切实际的要求，不断降低对方的期望，缩小对方的诉求，提高和平解决事件的几率。由于不同的劫持者受到生活环境、教育背景、政治立场等因素的影响，导致不同案件中的劫持者的动机和需要也有所不同。

【问题思考】
民航劫持犯罪行为人的动机有哪些方面？

一、按动机需求类型分类

（一）宗教、政治型劫持行为

在此类民航劫持犯罪案件中，行为人（劫持者）通常目标明确，组织性强，计划周密，武器装备优良，被反动组织或恐怖组织遥控指挥，劫持者往往具有反人类、反社会的性格特征。例如，在"9·11"事件中，计划部署都非常周密，19名劫机者几乎同时分别搭乘美国飞往各地的民用航空飞机，这四架客机分别从波士顿、纽瓦克和华盛顿特区（华盛顿杜勒斯国际机场）飞往旧金山和洛杉矶，并在美国上空将飞行的四架民航客机劫持。在劫机过程中，劫机者使用武器刺伤或杀害飞行员、空中乘务员和乘客。劫机者故意使其中两架飞机分别冲撞纽约世界贸易中心双塔，造成飞机上的所有人和在建筑物中的许多人死亡。两座建筑均在两小时内倒塌，并导致临近的其他建筑被摧毁或损坏。另外，劫机者亦迫使第三架飞机撞向位于弗吉尼亚州阿灵顿县的五角大楼，此袭击地点临近华盛顿特区。在劫机者控制第四架飞机飞向华盛顿特区后，部分乘客和机组人员试图夺回飞机控制权。最终第四架飞机于宾夕法尼亚州索美塞特县的乡村尚克斯维尔附近坠毁。在"9·11"事件中共有2998人遇难，其中2974人被官方证实死亡，另外还有24人下落不明。遇难人员名单中包括四架飞机上的全部乘客共246人，世贸中心2603人，五角大楼125人，此外还有411名救援人员在此次事件中殉职。无独有偶，2002年11月17日夜间，以色列航空公司一架编号为581的班机在从特拉维夫飞往土耳其伊斯坦布尔途中遭劫。劫机者是一名现年23岁的阿拉伯裔男子，想翻版"9·11"式自杀性劫机，让飞机撞向以色列特拉维夫一座公共建筑。该男子持刀试图闯入驾驶舱，最终被机上安全警卫和乘客制服。土耳其安纳托利亚新闻社援引警方的话说："劫机者企图通过劫机表达巴勒斯坦人民的心声。他已经表示，他将这种行为想象成'9·11'式的恐怖袭击。"

（二）经济型劫持行为

为了获取钱财采取一定措施进行劫机，在民航劫持犯罪案件中也是常见类型。行为人（劫持者）通常表现为具有较强的反侦查意识，作案目标比较明确，行动部署周密，贪财惜命。1970年6月，一架美国环球航空公司的波音727飞机从菲尼克斯起飞后被劫持，劫机者索要10万美金赎金，开启了经济型劫持行为的先河。1974年3月，一架日本航空公司的飞机被劫，劫机者索要5500万美金和2亿日元，创造了经济型劫持行为赎金最高纪录。1983年1月，泰国航空公司一架航班被劫，三名劫机者仅仅为了勒索12000美元。此外，经济型劫持行为中还包括一些因经济纠纷被逼无奈而采取劫机行为的事件。例如，2005年9月12日，哥伦比亚艾利斯航空公司一架冲-8型（Dash-8）螺旋桨小型客机从弗洛伦西亚起飞后遭劫持，经乘客证实，劫机者是一名坐着轮椅的男子与他的儿子，他们声称携有手榴弹等爆炸装置。劫机者利用飞机的无线电设备与机场空中交通管制塔取得联络，要求与人权组织代表、一名牧师与总检察长办公室的一名代表谈判。飞机降落在哥伦比亚首都圣菲波哥大一个军用机场。一个小时后，5名机组人员、1名天主教牧师、哥伦比亚政府以及人权组织代表应两名劫机者的要求登上飞机，在飞机前部与劫机者展开对话。乘客被转移到飞机后部。4个多小时后，包括一名哥伦比亚国会议员在内的20名乘客安全获释。警方表示，在经过数小时紧张谈判后，两名劫机者于当地时间下午5点15分左右走出飞机，向政府投降，并登上一辆消防车离开机场。

（三）拘捕型劫持行为

为逃避法律制裁，不甘认输的行为人（劫持者）可能会铤而走险采取劫持民用航空器的方式逃亡以逃避惩罚和制裁。此种状况下的行为人往往处于孤立无援、被动的局面，情绪容易波动，精神极为紧张。例如，1993年10月，哈尔滨中药四厂员工王某华涉嫌贪污8万元并有重大盗窃嫌疑被当地有关部门侦查。为逃避侦查，他在对吉林、南京及杭州等机场踩点后，最终决定将杭州机场作为劫机外逃的通关之处。11月8日，王某华携带事先准备好的伪造爆炸装置于13时3分乘坐由杭州笕桥机场起飞至福州的MU5903航班。13时50分许，王某华向乘务长显示其所带装置，声称带有炸弹，迫使机组改变航线飞往台湾。14时45分，飞机被劫持到台北桃园机场。

（四）报复型劫持行为

这类劫持事件较多发生在情侣纠纷、债务纠纷、利益诉求长期得不到解决的行为人（劫持者）身上，劫持者往往表现得偏执、激动。负面情绪的积压、生活的挫败感、情感的失败等，造成了劫持者心理对个体、团体或组织及政府产生仇视、报复心理，继而发动劫持事件。例如，1969年10月30日，美国环球航空公司一架波音飞机被一名美国人劫持，经过17个小时的长途飞行后抵达罗马，目的就是为了去探视他的女朋友。

又如，1998年发生的国航机长劫机案是出于对单位分房不满。

（五）无目的型劫持行为

此类案件通常发生在严重精神病患者、醉酒闹事者中。其表现为劫机动机不确定，行为较为古怪，不具有正常的思维，作案随意性较大。2014年2月7日，载有准备前往参加2014年冬季奥林匹克运动会人员的飞马航空公司751号班机遭到一名乌克兰乘客挟持，之后他声称自己拥有炸弹并且要求飞机飞往举办冬季奥林匹克运动会的索契。这架飞机原本计划从乌克兰卡尔可夫出发，并且预计之后将抵达土耳其的伊斯坦布尔。飞行员降低飞行高度、关闭显示屏幕，并且选择继续飞往萨比哈·格克琴国际机场，之后土耳其派遣2架F-16战隼战斗机护航至伊斯坦布尔。在抵达土耳其后，当地警方逮捕了该名要求前往索契的严重醉酒的男子。

【问题思考】

根据劫持者的动机类型，试分析不同类型危情沟通的难易程度。

二、按有无犯罪意图分类

根据民航劫持犯罪案件事先有无犯罪意图，可以划分为以下两类：

（1）预谋性劫持行为。预谋性民航劫持犯罪行为是指行为人在事先经过长时间的谋划和准备，已经具备劫持行为的动机和目的，在各种现实条件成熟的情况下，对特定目标实施劫持的行为。例如，恐怖劫持行为人、经济型劫持行为人、拘捕型劫持行为人和报复型劫持行为人，事先都会进行预谋、安排、计划，并进行一定程度的踩点，对劫持行为的时间、航班、机型、工具、行为方式甚至劫持过程中会遇到的麻烦和结果都经过了充分的预谋和准备。

（2）突发性劫持行为。突发性民航劫持犯罪行为是指行为人没有预谋、没有准备、没有目标、情急之下临时做出的劫持民用航空器的犯罪行为。例如，醉酒闹事者或精神疾病患者的劫持行为一般都属于突发性劫持行为。2008年10月24日，一架波音737客机当天由黑海度假胜地索契飞往莫斯科，机上载有130名乘客，都是俄罗斯人。途中，一名男乘客突然起身，宣称飞机已被劫持，要求飞机转飞到奥地利维也纳，否则将炸毁飞机。当时局面一度出现混乱，但这名男子很快被机上乘务人员和乘客合力制服，客机在莫斯科伏努科沃机场安全着陆，比预定时间晚了半小时。机场安全人员从客机带走了这名男子，并表示机上所有乘客已经安全疏散，无人受伤。由于这名企图劫机的男子看上去醉醺醺的，因此警方最初怀疑他是个喝酒闹事的醉汉，但后来资料显示，这名30多岁的男子有精神疾病记录。

三、按犯罪性质分类

根据民航劫持犯罪性质的不同，可以划分为以下两类：

（1）普通刑事劫持案件。普通刑事劫持案件是指实施劫持的行为人公开劫持民用航空器或民航设备设施，并以暴力、胁迫或其他手段控制机上乘客、机组人员或民航工作人员的人身自由，以生命、伤害、折磨或者继续摧残扣押被控制者相威胁，强迫第三方或被控制者本人满足其某种要求的犯罪案件。目前所发生的大多数民航劫持案件都属于此类。

(2) 国际恐怖性劫持案件。国际恐怖性劫持案件是指由恐怖集团、组织参与策划并加以实施的，目的在于制造恐怖气氛以达到反人类、反社会的某种不法目的。例如，2012年6月29日，由新疆和田飞往乌鲁木齐的GS7554航班于12点25分起飞，客机上共有乘客92人，机组成员9人。起飞10分钟，有6名歹徒用暴力的方式要砸开驾驶舱的门，企图劫机，被机组人员和乘客共同制服。在制服歹徒的过程中，总共有8人受伤，分别为2名安全员、2名乘务员、4名乘客。歹徒以伪装的拐杖为武器，意图制造恐怖劫机事件。

四、其他分类

(一) 工具性劫机犯罪

在工具性劫机犯罪中，犯罪行为人的目标是明确的，即获取物质利益。例如，劫持飞机上的乘客，索要赎金和交通工具，被传为"神奇"人物的美国劫机犯D. B. 库珀就是典型的工具性劫机。1971年11月24日，一名自称库珀的劫机者劫持了美国由俄勒冈州波特兰飞往华盛顿州西雅图的西北航空公司305号航班，成功获得了20万美金，并顺利逃脱。过去40多年来，美国联邦调查局调查了近1000名嫌疑人，但无一被确认。

(二) 表现性劫机犯罪

表现性劫机犯罪行为人通常觉得对自己的生活缺乏控制力，希望自己可以变得重要，他们相信媒体对他们的报道可以帮助他们完成这个目标。但是，从另一个角度来看，这种表现性犯罪行为是没有任何意义的，甚至是自杀性的。例如，一个劫机者要求飞行员将飞机从一个州飞到另一个州，但却没有什么明确的原因，仅仅是对生活不满的一种宣泄，使自己获得关注、变得重要和获得满足感。"6·24"厦门航空波音737劫机事件就是劫机者张某龙的一次表现性劫机，因一时冲动，荒唐劫机前往台湾。1993年6月24日，张某龙把塑胶手枪、弹簧刀等作案工具伪装后混进了常州机场，登上了飞往厦门的航班。在飞机开始下降，准备降落厦门机场时，张某龙突然从座位上跳起来，手持弹簧刀挟持乘务长，在挣扎中，乘务长面部和左手肘被张某龙用刀刺伤。随后，张某龙又掏出假手枪威胁安全员，为了确保飞机和旅客的安全，飞机飞往台湾。

第二节 民航反劫持处置要点

当民航劫持犯罪案件发生后，相关民航管理与服务人员的职责是：稳定情绪，保护人质；控制局面，疏散乘客；报告情况，等待增援。主要步骤有：收集资源，计划行动，推进处置，报告及请求支援，现场处置，接受投降。

【问题思考】
民航劫持犯罪案件发生后，危情沟通介入时需要收集哪些信息或情报？

一、收集资料

利用目击者或前期介入的危情沟通人员或处置人员，进行以下但不限于以下资料的收集和记录：

1. 劫持者的基本情况（性别、年龄、身高、衣着、人数，是否持有暴力性工具，精神状况，心理状态等）。
2. 人质基本情况描述（性别、年龄、人数、健康状况、受伤害程度、情绪等）。
3. 事件起因、犯罪动机和企图。
4. 周围人员或乘客、周边环境（犯罪行为人所在区域、所处情境、有无易燃易爆物品等）。

二、计划行动（行动方案）

（一）采取的处置形式（秘密或公开）

作为现场处置或前期介入的民航服务人员，必须清楚现场对峙是公开对峙还是未公开对峙。未公开对峙是指劫持者还不知道现场已有航空安全保卫人员或执法人员，在这种情况下，劫持者心理压力小、警惕性相对较低。未形成公开对峙时，一般采用秘密处置形式。

（二）接近的方式

一旦民航劫持案件发生，在未形成公开对峙时，计划以什么样的角色介入，应根据事件的性质而定（如情感纠纷的以有共同情感体验的乘客身份介入，劳资纠纷的由熟悉业务或法律的政府部门工作人员介入等）。

（三）具体分工

1. 确定由谁来负责主要处置工作，如接近目标、展开对话、控制对方等。
2. 明确由谁来负责次要处置工作，如谁负责报告情况、疏散乘客等工作。

三、推进处置

（一）观察

1. 劫持者所处区域或环境，以及劫持者周边是否有用于对抗的工具（如有无易燃易爆物品）。
2. 劫持者所持暴力性工具的种类及真伪（假的暴力性工具要当真的对待）。
3. 劫持者是否有同伙；如有，则要了解其人数、位置。
4. 目标区是否有其他人员。
5. 人质状况（如受伤害的程度）。

（二）危险评估

1. 分析劫持者是积极对抗型的还是消极对抗型的。
2. 劫持者所持武器及其杀伤性，自身武器是否有优势等。

（三）考虑问题

1. 劫持者所处区域是否有利于武力处置（如是在驾驶舱附近还是在后舱）。

2. 一旦与劫持者发生武力对抗时,对周围乘客影响程度如何(周围人群是否会受到伤害或是否会再次被劫持为人质)。

3. 周围存在的易燃易爆物品是否会被劫持者用于对抗。

四、报告及请求支援

民航劫持犯罪案件发生后,民航服务相关人员要及时向上级汇报并请求支援,报告内容包括见到的有关犯罪案件的内容,并作出危险评估,以供上级参考。

五、现场处置

(一)疏散乘客

分隔无关的人以避免不必要的伤亡或重新成为人质或妨碍处置行动,尽一切可能将危害控制在最小范围内。

(二)接近

接近劫持者时,言行越和缓、越低调,距离就越可能缩短。

1. 未形成公开对峙时,建议以非民航安保人员和执法人员的角色介入,不要让劫持者觉察,尽一切可能让这种状况持续下去。这样可避免增加劫持者的心理压力,防止矛盾激化。

2. 公开对峙时停止一切攻击行动,不宜贸然行动,应将劫持者尽可能地控制在最小的范围之内。

(1)如果劫持者持有凶器,要保持一定的距离,不要逼得太近或离得太远,应暂时停留在一定距离处,只要劫持者不伤害人质,处置人员就可暂不再前进,以免刺激对方。

(2)如果劫持者已伤害人质要求处置人员后退或缴械,处置策略就是向后退出一定的距离,以缓解对方的压力。

(三)展开对话

在等待专家(突击队员)或上级支援到来之时,必须要做的工作就是展开对话——沟通或咨商。在这个过程中,前期介入人员要尽可能去"满足"对方的需求,而不是实现他的要求。目的是稳定情绪,拖延时间;任务是收集情报,帮助劫持者理性地认清形势;目标是和平解决事件。

在展开对话前,应清楚对话的要求、步骤、应做什么和不应做什么(危情沟通"三不宜":不宜敌进我进,决不让步;不宜没有诚意,一口答应;不宜急于求成,生死不管)。

六、接受投降

(一)愿意投降

当劫持者愿意投降时,处置人员必须继续重申和平解决事件对他和他人带来的好处,保持一贯声调,让他感觉到这是他自己作出的决定,给他一个台阶,保存他的面子。比如,可以对劫持者说:"当你出来时……(而不是说'如果你投降走出来……'),这位先生或女士(指人质)及你的同伴或你的家人都会感谢你的。"

(二)商讨细节

处置人员与劫持者商讨已经制定好的接受投降的方案,在细节上如果劫持者有异议,经过协商或上级同意后,可以做适当让步,让对方觉得自己是主动选择放弃对峙而不是被迫投降。同时,让劫持者清楚投降后续细节,并告知他出来后会见到有执法人员持械戒备。

(三)行动步骤

1. 所有人必须空手离开现场,并听从执法人员指示。
2. 轮流(先人质,后劫持者)从一个固定出口出来。
3. 处理人质。

(1)除非非常清楚谁是人质,如果不能断定(特别是有多名劫持者和多名人质时),必须将其视为劫持者,交由执法部门查清。

(2)如果人质没有受到伤害或有轻伤,则应就地治疗,并由执法部门询问。

4. 处理劫持者。

(1)如果有多名劫持者,在离开现场前先通报姓名。

(2)劫持者必须将所有暴力工具留在现场。

(3)先从犯、后主犯地实施趴下—上铐—搜身—押解;对于愿意投降者,在下指令、上铐及搜身时,不要过于严厉和粗暴。

(4)劫持者受轻伤应就地医治后交执法部门,严重受伤者则应由两名执法人员押解前往医院。

5. 清理现场。

第三节 民航劫持犯罪行为沟通策略

在民航劫持危机事件中,危情沟通通常分为初始对话阶段、实质性对话阶段和结束对话阶段。在整个过程中,展开对话主要有稳定情绪、劝说、劝降、围绕条件对话、再度劝降等措施。

一、具体策略

(一)稳定情绪

危情沟通是通过对话来化解危机的,因此对话开展的首要目标是稳定对方情绪,建立互信和沟通关系。如果双方并没有形成公开对峙,建议不要使用相关专业术语。

1. 调控自身情绪。能够很好地调控自我情绪,是危情沟通人员的基本素养。即使对方情绪激动甚至使用过激的语言辱骂、谩骂,危情沟通人员也要保持冷静,克制自己不要去和对方理论,以防被对方牵着鼻子走,或被对方情绪所激怒,从而卷入其中。

2. 舒缓对方情绪。危情沟通人员介入进行危情沟通后,应尽可能利用自己的言行来影响对方,在给对方营造良好的情绪宣泄的对话氛围的同时,给予对方传达和平解决的愿望和生存希望,缓解对方的敏感紧张情绪。尽量语调清晰、语气平和,使用客观和婉转的词语和句子，如"不要冲动，请冷静"及"只要×××安全，你的安全就能得到保证"等。

（二）建立关系

1. 关注对方话题。在对话过程中，对于对方谈论到的人或事，要给予积极回应，让对方感到你在认真听，同时也希望从他的话题中获得更多信息。

2. 诚实回答疑问。针对对方提出的疑问，应尽可能诚实回答。如果说出事实会不利于危机事件的处置或影响事态发展，则选择不说或只说其中无关利害的部分或内容，但尽可能不要撒谎，除非是策略性谎言。可以采用的策略是"三不策略"，即不轻易回答对方疑问、不彻底回答对方疑问、不确切回答对方疑问。

（三）收集信息

1. 了解对方情况。通过展开话题，了解对方的基本情况，明确其劫持行为的真正动机和真实诉求，是有预谋还是随机突发，是有明确目标还是有其他因素等。

2. 评估危险程度。在初步沟通和了解情况的基础上，初步对劫持行为人的对峙行为作出评估，以做好处置行动措施准备。

【问题思考】
如何评估危机事件行为者的威胁程度？

【小资料】
航空安保中威胁实施者及威胁对象的判定：（1）高度威胁实施者包括但不限于企图危害空防安全的境内外暴力恐怖势力、境内外民族分裂势力、境内外宗教极端实力、刑事犯罪案件的涉嫌组织或人员、群体性治安案件的涉嫌组织或人员以及其他严重危及我国民航经营正常进行的组织或人员。（2）重度威胁实施者包括但不限于为逃避刑事惩罚、为摆脱经济困境、为报复单位领导的嫌疑人或团伙以及涉嫌选择航空运输的方式逃跑的重大刑事案件的嫌疑组织或个人。（3）一般威胁实施者包括但不限于为摆脱与近亲属包括亲密朋友紧张关系的嫌疑人或团伙，系列盗窃旅客行李物品、托运货物的嫌疑人或团伙，因机场噪音、拆迁、航班延误、出租车管理等引发的严重扰乱航空运输秩序的群体性治安事件的嫌疑人或团伙，非法侵入控制区、假冒伪造控制区证件、非法运输危险品或携带危险品乘坐民用航空器的嫌疑人或团伙。

（四）展开话题

在沟通过程中可以从对方的家庭、事业、情感等多角度广泛展开话题，引导对方诉说宣泄，并就对方感兴趣的话题进行深入探讨和交流。

（五）有求必应

对方提出的要求都要作出正面回应，回应并不意味着答应，也不是简单满足对方或不满足对方，而是要了解对方要求的具体内容和一些细节性问题。针对对方提出的要求，如果是一些容易满足的，如食物、水、衣服等，可以及时满足，以促进双方积极关系的建立。

1. 处理要求技巧。首先危情沟通人员不可主动或建议对方提出要求。

2. 处理要求程序。第一，对方提出要求后，危情沟通人员不要立即回绝，而是根据其所提要求陈述我方的难处，不要立即接受或满足，以免激起对方更高的欲望，应根据对方所提要求的难易程度作出回应并告知对方予以转达。第二，婉转回应要求，用"小要求"满足"大要求"、用"次要求"拒绝"主要求"；讨价还价索取"最大的回报"，使其认识到得到任何东西或承诺都要付出艰苦的努力，借此降低其期望值。第三，合理处理要求，避免产生误会，要做好记录以便汇报，择易先行。第四，满足简单要求，双方要制定规则和计划，确保双方清楚，同意并遵守方可执行（如要求对方作出承诺，保证不伤害、不劫持运送人员）；如果对方不遵守承诺，马上停止；将已满足对方的要求作为我方的诚意告知并反复告知。

（六）必求回报

只要满足对方的要求，就要提出相应对等的交换条件。让对方明白他必须作出让步才可以满足自己的要求。这样他就会在一次次要求的满足中不断降低自己的期望和底线。除非对我方有利，否则不再重新提及要求。

（七）处理期限

对方往往在提出要求的同时附加期限，并威胁如果期限到达时没有满足其要求，就将采取相应报复行为，以便给予我方压力。

1. 回应期限。首先不能自定期限，如"这件事我们20分钟就可以办到"；其次不可建议对方设定期限，如"处理这件事情，你给我们半小时好吗"；最后在接到对方的期限威胁时，不要立即接受，而是陈述处理该项要求的难度，并尝试劝阻对方。即使时间充裕，也要向对方诉说我方的难处，表明会尽最大努力帮助其争取，但由于存在很多困难，未必能够在他所规定的期限内完成，以降低其期望值。

2. 记录期限。在危情沟通过程中，危情沟通人员不可拒绝或不理会对方提出的期限，但必须与对方讨价还价，并核对时间，做好登记，不主动提醒对方期限。

3. 拖过期限。期限将至时，可以利用已安排的要求做拖延，或利用可以让对方信服的借口，设法打破最后的事件期限以期拖过。

（八）拒绝要求

如果对方提出一些不恰当或不能够满足的要求，危情沟通人员应当予以拒绝，但要注意回绝的方式，避免激怒对方导致双方关系破裂。可以采用一些为对方考虑、强调对方安全或推托上级不同意以及引导对方思考等方式来拒绝。

（九）第三方介入

对话过程中，对方可能会提出某些要求，也可能是希望或要求见某个人，或者是我方通过借助第三方来拉近双方关系以化解危机。这个第三方，就是我们在对话过程中引入的中介人。

（十）恰当让步

准确选择让步时间，对危情沟通进程有着至关重要的作用。一般情况下，在下面三个阶段选择作出让步最为合适：一是在期限就要来临之际，此时危情沟通人员可以作出一些微小或部分让步，以便实现稳定对方情绪和拖延时间的目的。二是在谈判进入尾声阶段，此时对方仍然处于犹豫不决的状态，危情沟通人员可以作出具有象征性的让步，以便促进和平解决危机事件协议的达成。三是在武力攻击进行前夕，为配合团队武力攻击的进行，危情沟通人员可以作出一些重大让步，也就是战术性让步，以麻痹对方，创造攻击机会。

二、对话技巧

（一）对话要求

在沟通过程中应做到以下几点：

1. 面对面谈判过程中，要保持目光接触，做到不卑不亢。
2. 谦逊稳重，有理有节，尊重对方，可以尊称对方为"先生"或以"兄弟"相称，要以对等身份跟对方说话，切不可使用命令或高人一等的语气或官方语言进行对话，以防激怒对方。
3. 有耐心、有爱心、有信心；不抢话、不争论、多倾听，尽量让对方发言。
4. 态度诚恳，在可能的情况下表示同情和理解（认同但不代表认可）。
5. 要强调想帮助他，令对方感到并非无助。
6. 不要同时与两个以上的劫持者对话。
7. 切不可只将注意力放在人质身上，或只关注人质的安危或健康，如："那位先生（指人质）流了这么多的血会有生命危险的，你身上有这么多的血，你是否也受伤了？"
8. 让对方有安全感。

（二）对话禁忌

在沟通过程中需要注意或避免的地方有以下几点：

1. 不理会对方或者轻视对方的任何要求，随意拒绝或随便说"不、不行、不可以"。
2. 当对方激愤或辱骂时，表现烦躁或动怒。
3. 语气傲慢，以命令的口吻或激烈的词语阻止、羞辱、指责或恐吓对方。
4. 针对对方的一些不合理要求，假意给予一些不能履行的承诺（在此情况下，危情沟通人员要以诚实的态度与对方展开对话，以建立信任关系，而不是撒谎，否则一旦被拆穿，后果不堪设想）。
5. 自己主动提出要求或期限，如"20分钟后，我同事会给你准备好你要的东西"。
6. 轻易提出由自己或他人来替换人质的建议，或答应替换人质的要求。

（三）可用技巧

可以采用的对话策略与技巧有以下几点：

1. 多赞扬对方的正面行为或积极举动。
2. 声明重视安全，要对所有伤者表示关注。
3. 主动聆听（在沟通过程中，听比说更重要，对方愿意说给你听，说明他开始信任你，可以肯定对方的感受，但不要认同，从而建立良好关系）。
4. 传递和平解决事件的信息，希望对方能合作使事件和平解决。

三、具体事项处理策略

（一）可谈项目

在民航劫持危机事件中，可以跟对方商讨的内容有食物、衣服、医疗药品、水、饮料、新闻媒体、钱等。

1. 食物、衣服。对于对方提出的满足个体基础生理需求的要求，如食物、衣服等，危情沟通人员可以通过针对他所要求的食物等进行一些细节性的讨论，并通过满足对方食物和衣服的要求，增加同对方讨价还价的理由和机会；借助运送食物和衣服可以进入对方区域进行侦查或为武力处置创造机会，同时也可以利用食物和衣服打破对话僵局。

2. 医疗药品。可以借此机会让对方作出一些让步或提出交换的条件。一般情况下，尽量要求对方将伤者送出，以便救治。如果对方坚持不肯，且伤势不重，也可以采取指导救治的方法，除非迫不得已，不派医疗人员进入对方区域，以免被劫持为新人质，导致危机事件升级。

3. 水、饮料。如果对方提出水、饮料的要求，一般情况下不要超量供应给对方，只给尽可能少的供应量，以增加对方再提要求的次数；不要在水、饮料中加入特制药物；提供低糖或不含咖啡因的淡味或咸味饮料；尽可能提供凉饮料。

4. 新闻媒体。首先，要先评估对方见媒体的目的，是政治需求还是个人不满情绪宣泄或其他目的；其次，将记者作为我方的中介人，教授其具体方法和注意事项，确保媒体人员不沦为新人质；再次，要向媒体人员介绍情况并为我方所用，不能让其现场随意发挥；最后，一般情况下慎用警察假扮媒体工作人员的方法，但可以考虑充当摄影等人员协助记者采访。

5. 钱。大量的现金是我方拖延时间的一个很好的理由和借口，针对对方提出钱的要求，我方可以进行斡旋，评估对方是否真的需要所要求的巨额赎金，并商讨具体的数额、支付方式等细节性问题，争取处置时间。

（二）不可谈项目

在危情沟通中，如果对方提出以下要求，危情沟通人员要予以拒绝，不可商讨的内容包括：武器、违禁药或毒品、释放囚犯或同伙、交换或更换人质等。

1. 武器。不能满足对方枪支弹药的要求，主要原因是：不合法，且一旦提供就会增加对方的强势感，从心理上会有更大的对抗能力，态度会更加强硬，气焰会更加嚣张，进而提出更多无理要求，也更难以制服对方。

2. 违禁药或毒品。提供违禁药或毒品本就是不合法的，而且这些药品会让对方产生妄想、偏执、多疑等情况，从而增加事件的不可预测性和处置难度。

3. 释放囚犯或同伙。首先要表示不可能满足其要求，并尽可能将对方引向其他要求。因为释放囚犯是对现行法律秩序的严重破坏，同时会刺激对方实施更多此类劫持行为。

4. 交换或更换人质。原则上也不能同意，主要原因在于：

（1）只要对方有杀害人质的可能性存在，那么更换人质所带来的道义和法律上的风险是任何人都承担不起的。

（2）更换人质可能会导致对方借机将原有人质和新人质一起控制。对方在更换人质时，一般都是先控制新人质，再释放旧人质，有些劫持者就是利用这种鬼把戏骗取更多人质。

（3）更换人质可能会给对方增加要挟的资本。他之所以要换人质，往往是新人质比之前的人质价值更大，通过交换使筹码上升；更换人质可能会给危情沟通人员增加压力。

但是，以下情况不是典型的更换人质的情况：警方有把握，借更换人质名义接近对方，出其不意地将其制服——这是战术方式或创造战机，不算更换人质；经过谈判，对方释放人质，但谈判员仍然留在现场继续进行善后对话——这不意味着谈判员将自己作为人质，而是谈判取得成效，和平解决接近尾声；在对方提出离开现场或者警方放弃当场处置方案的情况下，警方安排公开或者隐瞒身份的警察陪同对方离开，或者充当汽车驾驶员——这是易地处置战术或欲擒故纵策略的实施。

（三）注意事项

1. 对话取得进展的指标或行为表现如下：

（1）对方说话内容和对说话内容的情绪发生一些良性或积极的变化。

（2）对方的对话方式发生变化（如愿意主动与危情沟通人员沟通）。

（3）任何暴力行为的减少（包括伤害人质以及开枪的次数等）。

（4）一些人质获得了释放或最后期限过了也没有发生什么问题。

2. 明知不可谈而要勉强谈。在一些情况下，很明显通过沟通协商不能成功解决危机，但又不得不去谈，原因在于：

（1）通过沟通协商，可以争取更多的准备时间，有更多时间搜集更多情报信息。

（2）通过沟通协商，可以为武力处置争取时间和机会。

（3）通过沟通协商，可以延迟劫持者伤害人质或其他危害行为，分散劫持者的注意力。

3. 拖延时间的原因。在劫持事件中，陷入危机中的劫持者，其态度在很短的时间内（也许只要几个小时）有发生很大转变的可能。

（1）随着时间的推移和对方情绪的不断发泄，对方会逐渐冷静下来并慢慢恢复理智。

（2）随着时间的推移，对方的基本生理需求变得更加明显和急迫。

（3）时间越长越有利于产生斯德哥尔摩效应。

（4）随着时间的不断延长，人质就有更多的机会逃跑自救。

（5）危机事件处置者的决策和判断不是凭空得来的，而是建立在大量准确情报信息的基础之上的，而采集情报信息是需要花费时间的。

（6）虽然危情沟通人员不断向对方传达自己是多么可信、多么值得信赖，但双方之间良好互动关系的建立仍然是需要一段时间的。

第四节　武力劫持者心理分析与应对策略

如前所述，由于民航劫持行为动机不同，可以将劫持行为人分为不同类型，本书按照劫持者的心理行为特点及动机将民航劫持行为人分为三大类：恐怖分子、刑事犯罪分子和精神障碍者，也称为恐怖劫持者、武力劫持者和精神障碍劫持者。有关研究显示，这三种类型的劫持行为人在实施劫持行为时表现出很大差异，因而在沟通和协商过程中应灵活采取不同的应对策略。本节所指的刑事犯罪分子是指劫持航空器或民航设备设施，危及民航安全或相关人员生命财产安全，在社会上政治影响极坏，具有严重社会危害性，同时也在公众中产生了难以消除的紧张与恐惧气氛的行为人。由于这类劫持行为人的犯罪动机不同，其劫持行为的目的、方式方法也不尽相同，因此又将其划分为经济利益型、实施报复型和拘捕在逃型三种，下面就这三种类型进行具体分析。

一、经济利益型

（一）案例介绍①

D. B. 库珀又名约翰·多伊，是世界上第一个劫机成功的人。1971 年 11 月 24 日，他劫持了由俄勒冈州波特兰飞往华盛顿西雅图的西北航空公司 305 号航班。飞机型号：波音 727。他成功获得了 20 万美金，顺利逃脱。此后，D. B. 库珀的生死一直是个未解之谜。他的劫机，促使世界各国建立了健全的飞机场保安制度。

事件始于俄勒冈州波特兰市。一名男子走向西北航空公司的售票柜台。他穿着一件黑色风衣，带着一个大皮箱。他的表情洋洋得意，嘴唇很薄，长着宽额头以及不多的头发。他说他叫丹·库珀，买了一张到西雅图的单程票，航班号是 NW305。他坐在飞机的 18C 座位上，当地时间 15 点刚过，他点燃一支香烟，并叫了一杯波旁酒。之后，他递给空姐弗罗伦斯一张纸条。空姐显然误会了他的意思，她并没有看纸条内容，将它折起来放进了口袋，她以为这只不过是某个求交往的乘客罢了。但该男子低声说道："小姐，你最好还是立即看一下纸条。我手头有炸弹。"

疑惑不解的空姐走到厨房，她看了那条子，是打印的，全部字母大写，上面写着："我的手提包里有一枚炸弹。如果必要的话，我会用到它的。这架飞机已经被我劫持了。"随后，为了避免它日后成为一个重要物证，这名男子要毁了这张纸条。这位有经验的空姐并未惊慌，在报告机长后，她在那个男子身边的空位坐下，要求亲眼看一下炸弹。男子平静地打开手提包，包里整齐地码放着 6 根红色的棒子，圆柱体的末端都连着电线，旁边是一个圆柱形的电池。毫无疑问，如果这些东西真的是炸弹，则爆炸威力足以造成可怕的后果。

然后，男子合上手提包，他对她口述了他的一些指示："我要在下午 5 点前拿到 20 万美元，要现金，没有任何标记的钞票，放在一个背包里。我还要两个降落伞、两个备份伞。另外，当我们降落时，我希望看到一辆装满燃油的卡车停在跑道边上，随时待命给飞机加油。如果有人想要耍花招，我就会引爆炸弹。"这名男子，就是航空史上著名的劫机犯，按他自己上机前登记的名字叫做丹·库珀（Dan Cooper），但后来因为媒体报道时的疏忽，大家称他 D. B. 库珀（D. B. Cooper）。

305 号航班的机长威廉姆·斯科特得知此事后，立即联系了西雅图机场的航空管制

---

① https：//baike. baidu. com/item/D. B. % E5% BA%93% E7% 8F% 80/256905？fr = aladdin9（略有删改）。

人员，报告飞机已被劫持，并通过机上广播安抚其他乘客。这架航班属于美国西北航空公司，时任公司总经理唐纳德·奈若普紧急决定，支付20万美元赎金来交换乘客的生命。警方虽然不想放跑劫机犯，但最终还是以乘客的安全为重，批准了该方案。305号航班在机场上空盘旋了近两个小时。据斯科特机长回忆，当时库珀待在驾驶舱里，似乎一点也不紧张，不时和机组人员闲聊，言谈彬彬有礼；而最令人惊讶的是，他似乎对西雅图一带的地形非常熟悉，甚至知道西雅图机场距离美军麦柯德空军基地仅有20分钟的车程。

西雅图机场空管于17：24用无线电通知305号航班"一切就绪"，他让弗罗伦斯带他到机长那儿，当弗罗伦斯回头看了他一眼时，她只看到他戴了一副墨镜。在西雅图的警方、联邦调查局紧急张罗之下，尽管库珀要求的是1万张不连号且随意弄到的20元钞票，但联邦调查局还是做了手脚，他们派出大量警员，争分夺秒，在极短的时间内给这1万张美钞全部拍了照，记下了它们的号码。

17：39，飞机平安降落西雅图，比预计抵达时间晚了30分钟。飞机降落在西雅图西塔克机场，天气情况非常糟，暴风雨扑打着机身。机舱外面，联邦调查员已经筹集好库珀要求的赎金，并在周围布置了很多狙击手。库珀命令一名空姐放下机尾部的舷梯，联邦调查局探员将钞票装在一个帆布包中，连同降落伞一起送上了飞机。库珀也很爽快地让36名乘客和一位空姐安全下机，但依然劫持着其他4名机组人员。其间，联邦调查局探员和美国航空管理局官员曾要求登机谈判，被库珀断然拒绝。

在库珀的要求下，机场为305号航班加满了燃料。一名空姐回忆，库珀还曾经向她详细询问了自动舷梯的使用方法，并质疑了空姐关于"飞行途中不能放下舷梯"的说法。随后，库珀抓起机舱里机组人员专用的内线电话，告诉机长他的计划：他要求305号航班飞往墨西哥，而且必须保持在10000英尺（约3000米）高度飞行，速度不能超过150节（约278km/h）。

通常而言，喷气式客机是无法以这种低速保持飞行的。但库珀却告诉机组人员，他很清楚，轻型波音727客机就能做到这一点；他还警告飞行员不要试图耍花招，他手腕上戴着一个便携式的高度计，可以轻易知道飞机是否在10000英尺以下飞行。此外，库珀似乎还非常了解客机加油的速度。当加油超过15分钟时，他警告说，必须立即加满，否则就引爆炸弹。加油完成后，库珀与机组人员协商了飞行路线，并强调说，不需要对客舱加压供氧。19：46，305号航班重新飞上了天空。

飞机起飞后不久，他开始装备降落伞，4位机组人员按照库珀的要求，都进入了驾驶舱内，飞机也保持着一定的高度与速度飞行。20：00刚过，仪表板上的警告灯亮起，显示机尾的登机门被打开，也就是说，有人打开了飞机机舱的门。从机外传来了震耳欲聋的发动机的声音，外面漆黑一片，刮着大风。下面是全美国最崎岖的地形：各种各样的松树以及云杉，甚至有美洲狮和狗熊出没的大峡谷。机长透过舱内电话问："有什么要帮忙的吗？"库珀简单地回答："No！"这是他的最后一句话。20：46，飞行员发现机尾轻微地颤了一下，随即恢复正常。他标记下了这个位置——波特兰以西25英里（约40千米）的路易斯河流域。22：15，飞机按照商定的路线，安全降落在里诺机场。忐忑不安的机组人员在等待了几分钟后走出了驾驶舱，终于确信噩梦结束了：客舱空无一人，库珀已经在飞行途中打开舱门，跳伞逃走。联邦调查局和警方随即对这一地区进行了大规模搜索，却一无所获。警方还公布了那20万美元赎金的部分钞票号码，悬赏1000美元奖给第一个找到其中任何一张钞票的人，但这些市面上很常见的钞票，却如同泥牛入海，没了消息。

这是全球迄今为止唯一没有结案的劫机事件，库珀因而成为美国唯一未被绳之以法的劫机犯。过去40多年，联邦调查局收到1000多条线索，却没有抓获嫌疑人。

（二）行为特点分析

为经济利益实施劫持的劫持者多以勒索财物为目的，用暴力、胁迫等方式实施劫持行为，其劫持行为的基本特点如下：

1. 蓄谋已久，准备充分。一般来说，经济型劫持行为人都有一套犯罪实施计划，行动比较诡秘，但是通常不够周密。

2. 劫持行为发生后，能够有计划、有组织地对人质进行控制，而且这类行为人的警戒能力、抵抗能力、反侦查能力以及潜逃能力都比较强。

3. 常常以伤害或杀害人质或破坏民用航空器及民航设备设施为手段来胁迫处置方或利用这些手段潜逃。

4. 求生欲望强烈，贪财惜命，紧张敏感，易受到外界因素影响，心理承受能力不强，有时较易于攻心瓦解。

（三）应对策略

在民航劫持事件中，针对经济型劫持行为人，危情沟通人员可采取耐心倾听、巧妙周旋的策略。由于经济利益型劫持者劫持目标单一而又纯粹，就是为了钱财而实施劫持行为，他们虽然视财如命，但更加贪财惜命，因此通过沟通协商解决问题的几率还是比较大的。在危情沟通过程中，危情沟通人员不要制造紧张冲突的局面，而应采用慢慢周旋的策略。在展开对话之初，选择恰当的方式和方法去获取对方的信任。在听完对方的倾诉后，如对方对他人没有伤害，可以快速并尽可能充分地分析当前的形势，然后通过巧妙的讨价还价告知行为人，使行为人觉得继续抵抗是没有用的，趁着现在所犯错误不大，只有妥协才能得到宽大处理，以达到双方都满意的结果。

二、实施报复型

（一）案例介绍[①]

2016年3月29日，一架由埃及第二大城市亚历山大飞往首都开罗的航班遭到劫持，执行该航班任务的客机机型为A320。在劫机者的要求下，飞机飞往塞浦路斯拉纳卡机场。事发时，该架客机共载有55名乘客，其中26人为外籍（非埃及国籍）乘客，此外飞机上还有6名机组人员。美国有线电视新闻网（CNN）引述埃及总统发言人尤萨夫的话称，劫持埃航客机的是埃及人赛义夫·穆斯塔法，并非拥有埃及和美国双重国籍的易卜拉欣·萨马哈。塞浦路斯外交部方面也表示，劫机者是赛义夫·穆斯塔法。

---

① https://baike.baidu.com/item/3%C2%B729%E5%9F%83%E5%8F%8A%E8%88%AA%E7%A9%BA%E7%8F%AD%E6%9C%BA%E5%8A%AB%E6%8C%81%E4%BA%8B%E4%BB%B6/19483489（略有删改）。

航班飞抵拉纳卡机场后，或许是地面人员与劫机者的反复交涉起到作用，劫机者陆续释放了绝大部分乘客，而从现场照片来看，也有机组成员从驾驶室窗户跳下逃生。

塞浦路斯总统阿纳斯塔夏季斯提供的信息显示，劫机者制造这起事件很可能与一名女性有关。据了解，这位女性应该是劫机者的前妻，而劫机者去往塞浦路斯就是为了寻找居住在这个地中海岛国的前妻。相关报道也提到，劫机者还在飞机上扔下了一封写给前妻的信件。因此，阿纳斯塔夏季斯认为，"这起事件与恐怖行为并无关系"。

塞浦路斯当地媒体还曝出，这名劫机者在投降前两个小时曾经要求埃及方面释放所关押的部分囚犯。甚至有媒体称，该劫机者提出要在塞浦路斯寻求避难。对于这一系列扑朔迷离甚至自相矛盾的状况，有埃及媒体直接给出了劫机者精神异常的答案。

虽然埃及方面不确定航班是否真的存在爆炸物，但事后网络上流传的照片却显示，站在机舱里的这名劫机者的确在腰间绑了一层炸药状的装置，这些装置上还连接着一些线路。不过，这些照片的真实性有待证实。

发布会上，由于埃及官方暂未确定劫机者是否真的携带了炸药装置，因此舆论对起飞地——亚历山大博尔格阿拉伯机场安检系统的有效性提出了质疑。对此，萨里夫回答说："如果要问亚历山大博尔格阿拉伯机场的安检程序或系统是不是存在问题，以及劫机者是怎样把所谓的爆炸物带上飞机的，我们目前也并不清楚。而且，我们也不清楚这些爆炸装置到底是真是假，所以这个问题只能在调查结束后才能水落石出。"

万幸的是，七个小时后，劫机者投降，走出了机舱，整起事件并没有造成人员伤亡。

事件的概况如下：

3月29日14：30　埃及航空一架客机被劫持；
3月29日14：31　遭劫持客机在塞浦路斯降落；
3月29日14：43　安全部门包围飞机、封锁机场；
3月29日14：44　拉奈卡机场关闭；
3月29日14：50　塞浦路斯召开危机会议；
3月29日15：09　以色列战机紧急出动；
3月29日15：28　20人被释放；
3月29日15：32　经过谈判释放所有埃及籍乘客；
3月29日15：49　劫持者要求政治庇护；
3月29日15：50　确认劫机者身份；
3月29日16：02　劫持客机细节曝光；
3月29日16：06　劫机者要求将警力撤出机场；
3月29日16：10　塞浦路斯与埃及两国总统通话；
3月29日16：15　劫机者前妻前往机场；
3月29日16：42　机组成员获释；
3月29日16：54　劫机事件与恐怖主义无关；
3月29日17：29　劫机者前妻到达机场；
3月29日17：36　4名机组成员和3名乘客仍在飞机上；
3月29日17：58　召开发布会；

3月29日18:26　劫机者要求释放囚犯；
3月29日19:22　警方在现场布置狙击手；
3月29日19:22　塞浦路斯总统：一切可能与女人有关；
3月29日19:51　劫机者举手投降；
3月29日21:06　劫机事件结束。

(二) 行为特点分析

实施报复型劫持行为人往往是由于其某种愿望受到了阻碍或是某种利益受到了损害而产生的对干涉方或第三方的一种侵犯性行为。在现实生活中，当一个人处于困境中或遭受挫折时，如事业不顺、家庭破裂、遭到侵犯等，都会在生理和心理层面产生不良反应。这种不良反应一旦升级，就会引发愤怒、憎恨等消极情绪，继而产生报复心理，从而利用劫持行为进行胁迫以期达到行为人满意的结局。

(三) 应对策略

报复型劫持事件发生后，劫持行为人往往是有一定具体的目的或目标的，而一旦他的要求或目的达到或实现，就会放弃劫持行为。所以，在危情沟通过程中，危情沟通人员针对以报复为目的实施劫持的行为人可以采取妥协让步的策略，也就是采取一定的策略和技巧，明确行为人的劫持动机，了解情况后再以提供帮助、共同渡过危机等与行为人建立良好的沟通关系，在其心态平和之后再进行说服和劝导，以期和平解决危机事件。只要行为人没有真正伤害到劫持目标，令其妥协让步，将劫持危机事件解除的愿望是可以实现的。

三、拘捕在逃型

(一) 案例介绍

1993年4月6日，因赌博、私藏和贩卖枪支被当地公安机关通缉的刘某才和因贪污20多万元巨款正准备潜逃的黄某刚两人经多次踩点，登上了中国南方航空公司CZ3157由深圳飞往北京的航班。当时机上有旅客187人，机组人员13人。两人将准备用于劫机的狩猎枪、防爆钢珠手枪等作案工具伪装后带上飞机。当飞机进入江西省南昌市上空时，两人持械将一名乘务员劫持进驾驶舱，威胁机组人员将飞机驶向台湾。在黄某刚和刘某才的威胁下，被劫持飞机于当天上午10时许降落了台湾桃园机场。随后两人被台湾方面羁押，并于1993年年底被判刑。

(二) 行为特点分析

拘捕在逃型劫持行为人一般是负有刑事责任或处于法外逃窜中的刑事犯罪分子，其劫持行为通常是仓促实施，劫持的目标具有不确定性和随机性，通常以个体形式出现。

(三) 应对策略

由于以潜逃为目的的劫持行为人都是负有刑事责任的犯罪分子，比一般的劫持行为人沟通协商的难度大得多，尽管如此，我们也要善于借助人天生的求生欲望，通过危情沟通解决当下的危机。对此类行为人可以采取的策略是：选取具有一定危机处置技战术的民航服务人员与之展开对话，在整个沟通过程中，以讨价还价的技巧拖延时间，并客观现实地分析现场环境，用诚恳的态度尽力劝说行为人，使其妥协让步。

同步练习

1. 简述民航劫持犯罪行为人的类型。
2. 详述民航反劫持沟通策略。
3. 概述武力劫持者的心理行为特点。
4. 简述武力劫持者劫持行为应对策略。
5. 详细阅读分析案例,并以小组形式进行武力劫持沟通策略模拟。

拓展阅读

"6·24"张某龙劫机案[①]

1993年6月24日,因对生活现状不满,大学毕业不久的张某龙利用塑胶手枪、弹簧刀等作案工具劫持飞机飞往台湾。

为住房问题想去劫机

出生于江苏泰州的张某龙,性格内向,脾气犟,不喜欢多讲话,不喜欢交友。1986年考入某学院财务系,文凭为大专。1989年,张某龙被安排在苏北某市机械局冶金工业供销公司办公室任副主任。刚到冶金工业供销公司那阵子,公司在一个废旧的仓库里用木板为他隔了一间仅够铺下一张床的地方。1990年年底,张某龙第一次向机械局领导提出解决住房问题,他对局长说:"我已经27岁了,对象谈成了,要结婚没有地方,请局长帮助解决结婚用房。"得到的答复是:"单位无法解决。"一晃又是两年。1992年,张某龙已经29岁,住房问题仍没解决。1993年4月6日晚,百无聊赖的张某龙坐在电视机前。一条新闻进入了他耳朵:有两名歹徒劫持飞机。当天晚上,张某龙在床上翻来覆去地睡不着觉,联想到自己想结婚却没有住房,思路渐渐地模糊了,头脑渐渐失去了理智:我要劫机去台湾。

用玩具手枪劫持飞机

1993年5月,张某龙编造了一个借口,向单位请了一个月的假,悄悄地坐火车到厦门了解情况。张某龙这趟该了解的都了解了,头脑里初步形成了一个行动方案。张某龙没有坐过飞机,对飞机上的情况不太熟悉,只是听坐过飞机的人说过一些,略知一二。张某龙开始了"试飞"。

当年6月17日,张某龙到了常州,购买了一张常州—厦门机票。他详详细细地记下了如何购票、如何候机、如何登机、乘机过程中有哪些环节、哪些环节最容易出问题等。譬如说,违禁品如何通过安检,飞机的安全舱,飞机的飞行情况,旅客舱与前舱、驾驶舱之间的距离、通道、障碍情况等,更主要的是做好了心理准备。"试飞"后,张某龙又回到了家乡,继续做进一步的准备。6月21日,他从街上买来一把玩具手枪、一把弹簧刀,这就是他后来的作案工具。6月23日,张某龙来到常州,买了24日的常

[①] 资料摘录自《12年前劫机飞往台湾男子张某龙被提前释放》(《农村经济与科技》2006年第17卷第3期)。

州—厦门机票。24日是农历端午节，他无心去想年迈的父母和自己的女朋友，竭力装作若无其事的样子登上了飞机。"各位旅客，飞机马上就要到厦门了，厦门今天的气温较高，达到36℃……"播音员清晰的声音让张某龙从沉思中惊醒，他迅速从旅行包里取出玩具手枪，从裤子里取出弹簧刀，一个箭步蹿到了飞机一排的乘务员跟前，当飞机上的旅客和乘务员还没有回过神来的时候，张某龙右手用枪抵在一个乘务员的头部，左手拿着弹簧刀，歇斯底里地喊道："把飞机往台湾飞，不然我就毙了她！"飞机上的人都目瞪口呆。

此时，一个机械师找来了飞机上的安全员。安全员说："你想干什么？"张某龙瞪着疯子一样的眼睛对安全员说："你马上通知飞机往台湾飞，不然我就杀了她，把飞机炸掉。"安全员一面稳定张某龙的情绪，一面用电话和驾驶舱联系。驾驶员回答："你不要激动，不要伤害乘务员和旅客，我马上向上级请示，上级同意了，就立即按你说的办。"

落地后服刑

整个机舱死一样的寂静，所有旅客和乘务员都紧张得能够听到彼此急促的呼吸声。张某龙也很紧张，两眼死死盯着乘务员，微微抖动的手将玩具手枪紧紧地抵着乘务员的头部，吓得乘务员一动不动。大概过了20分钟，驾驶舱传来了电话，满足了张某龙的要求。就这样飞机很快飞过海峡，并在当地机场顺利着陆。当飞机安全降落在台湾桃园机场后，机上的乘客才微微松了一口气，而这时的张某龙却得意地笑了。他笑，是因为他自以为自己获得了巨大的胜利。飞机刚停稳，机舱门一开，张某龙顺门望去，进来的是当地航空警察。根据警察的要求，他把作案工具交给了警察，跟着警察下了飞机，接下来便是调查、了解、取证。警察对张某龙说："经过两小时十五分钟的调查，现在飞机可以经过香港飞回大陆了。如果你要留下来，就把你送到看守所。"张某龙瞪大双眼，嘴唇嚅动了几下，可还是没有说出话来，便万般无奈地跟着警察进了看守所。

1994年6月17日，张某龙在当地被判处有期徒刑9年，实际服刑5年8个月就被假释了。2001年6月21日，福建省公安厅派船把他接到福建马尾，等候在那里的江苏省常州市公安人员将他带到常州市看守所，对他重新进行审判。2002年3月19日，江苏省常州市中级人民法院开庭审理并依法判处张某龙有期徒刑13年，之后他于2002年5月16日到南京监狱服刑。

第五章 恐怖劫持应对分析

学习目标

1. 了解恐怖主义的特点。
2. 熟悉民航恐怖犯罪形式。
3. 掌握恐怖犯罪心理与行为特点。

案例导读

法航 8969 号班机劫机事件[①]

法国航空 8969 号班机是一架从阿尔及利亚首都阿尔及尔飞往巴黎的法国航空班机，使用空中客车 A300 型客机，1994 年 12 月 24 日在阿尔及尔被劫持。共有三名乘客在此次事件中被杀害，其余乘客和机组人员在马赛国际机场被法国国家宪兵特勤队成功解救。

（一）事件经过

1994 年圣诞节前夕，法国航空 8969 号班机降落在非洲北部的国家阿尔及利亚首都机场，这架飞机在机场仅做短暂停留，进行打扫和加油，然后就开始让返程的旅客登机准备迅速离开阿尔及利亚飞往法国巴黎奥利机场，航班起飞时间为当日 11 时 15 分。就在 8969 号航班刚刚进入准备起飞状态时，突然有四名身穿阿尔及利亚航空公司制服的"警察"没打招呼就登上了飞机。他们亮出证件，自称是"总统府直属警察"，要对飞机上的乘客进行再一次的护照检查，尽管感到有点奇怪，但 8969 号航班的机长伯纳德还是在飞机的广播中通知所有的乘客在座位上坐好，准备接受检查。

距离起飞的时间已经过去了两个小时，这架已被授权起飞的飞机的延迟已经引起了机场塔台的注意。在塔台的指引下，当时驻扎在机场的阿尔及利亚特种部队开始靠近 8969 号航班，想前往探探究竟。代号为"忍者"的阿尔及利亚特种部队，正准备向法航 8969 号航班的方向走去，而这一幕也恰巧被在机舱内正装模作样地检查护照的"警察"看在了眼里。此时，机舱里的劫机者已经没有办法再伪装下去了，他们撕破了所谓"警察"的面具，开始挥舞着自己手中的 AK47 突击步枪和自制的炸药，对乘客和机组人员进行威胁，扬言要将飞机炸掉，劫机者的情绪几乎一度失控。整个机舱里的乘客包括机组成员都吓傻了，劫机机叫喊的口号除了对乘客起到了恐吓作用以外，还暴露出

[①] 案例根据北京网络广播网（2014 - 07 - 31）《档案》栏目播出的《阿尔及利亚机场惊魂 法航 8969 次航班被劫持真相》整理、改编。

了劫机者的重要信息

那个高声叫喊的就是"伊斯兰武装集团"成员阿卜杜勒·亚海尔,其他三名成员称他为"埃米尔"。"埃米尔"在阿拉伯语中可以理解为"统帅"。而这个亚海尔也正是此次劫持8969号航班人员的头目。

亚海尔等人要求乘客以及机组人员合作,逼迫乘客关上所有的舷窗遮光板并将所有私人物品倒入一个黑色的塑料包中。他们还命令所有妇女包括法航的女乘务员在内,一律戴上面巾或以客舱里的毛毯代替。他们很快在飞机的前部和后部等重要位置都安装了炸弹,并通过驾驶室的对讲设备对外宣传法航8969号航班已经被他们劫持,而至于他们的要求也很简单,立刻释放两名阿尔及利亚反政府武装头目,让飞机离开阿尔及利亚,他们要在法国巴黎召开一个新闻发布会,如果不同意就要引爆炸弹,人机共毁。

然而,阿尔及利亚政府态度强硬,不仅拒绝了亚海尔的要求,而且还派出了阿尔及利亚特种部队,将8969号航班团团围住。阿尔及利亚政府的举动彻底惹恼了亚海尔,他径直走向机舱后排,把一名男乘客拖出来,打开客舱门,然后告诉这名乘客"你去给他们捎个口信,告诉他们,我们不是开玩笑"。但就当这名乘客刚走出机舱时,劫机者就向他的脑后扣动了扳机,并把他的尸体扔到了机舱外面。很快有人认出了这名乘客,他是阿尔及利亚本地的一名警察,此时正在休假。在劫机者登机检查护照的时候,他出于职业精神还主动出示了自己的警官证,想提供适当的帮助,但没有人想到,他却因此成为了第一个被枪杀的乘客。此时距离8969号航班被劫持过去了两个小时,无情的杀戮还远没有结束。劫机者威胁如果他们的要求得不到满足,将杀死另一名人质。

12月24日15时,劫机者和阿尔及利亚政府的僵持还在继续,这并不是什么好消息,因为一旦劫机者失去耐心,随时都会有人命丧枪下。也就在此时,劫机事件到目前为止,最惊人的一幕出现了。此时,阿尔及利亚机场周围都已经围起了大批的人,不光是当地的警察和反恐部队,还有从世界各地赶来的媒体记者,他们都不愿意错过这样的头条新闻。但就在记者们长枪短炮的注视下,竟然有人从8969号航班上下来了,而且数量还不少,机舱里发生了什么,劫机者又在哪里。当人群走近时,记者们一拥而上,不断追问机舱的真实情况。原来被劫持的法航8969号航班上的一名乘客被枪杀的消息迅速被媒体报道了出去,在法国政府的斡旋之下,以亚海尔为首的劫机者被告知只要释放女性以及儿童乘客就可以换取他们提出的条件之一,让8969号航班飞往巴黎。对于亚海尔来说,他手里有200个人质还是100个人质其实并没有什么区别,减少几个人对他来说反而更好控制局面,所以亚海尔很痛快地答应了这个要求,释放了63名乘客。但是,当撤走客梯车和止轮楔的命令下达给阿尔及利亚上校的时候,他却拒绝执行。而此时枪声又响了,被激怒的劫机者随即将一名越南驻阿尔及尔大使馆的商务参赞带到客梯车前将其枪杀,并把他的尸体丢弃在跑道上。

面对劫机者的要求,阿尔及利亚政府绝不予以妥协的态度无可厚非,但僵持多一分钟,机舱内的乘客就多一分危险,不知不觉中,法航8969号航班已经被劫持超过了10个小时。时间即将进入到24日的午夜,机舱内的两名劫机者不停地向机舱内的乘客发着牢骚,他们不断呵斥乘客。

此时，机长伯纳德已经在机舱里坐了快10个小时了，由于高度紧张，他感觉自己喉咙发干、嘴唇发紧，连咽唾沫都有点困难，于是他向亚海尔提出要喝点水。此时，空姐第一次被允许进入驾驶舱送水。就是利用送水的机会，空姐悄悄告诉伯纳德，有两名乘客已经被杀了。伯纳德是飞机上唯一与亚海尔接触时间最长的一个，所有的对外联系也都是通过飞机驾驶舱内的通信设备向外传达。在接触的过程中，伯纳德发现亚海尔的策略很明确，枪杀人质无疑会给围困这架飞机的阿尔及利亚政府带来巨大压力，从而逼迫对方答应自己的条件，第一次杀掉的乘客是一名阿尔及利亚人，之后是一名非法籍非阿籍的越南外交人员，如果枪声再响那么倒在枪口之下的很有可能就是一名法国人，甚至是一名机组的工作人员。

12月24日深夜23点整，8969号航班被劫持的第12个小时，机场塔台再次传来消息。但和之前不同，这次对讲机里面传来的是一个苍老的女性声音。这个声音的出现，让正在驾驶室里发狠的劫机者头目亚海尔瞬间崩溃，"亚海尔，我的儿子。我求求你，亚海尔。我的儿子，如果你这么做我也没法活了。你这么做会杀了我的，亚海尔。"没错，这声音正是来自亚海尔的母亲，这个母亲用带着哭腔的声音反复喊着亚海尔的名字，恳求自己的儿子释放人质。但让人没有想到的是，母亲的声音不但没有让亚海尔心软，反而让他失去了耐心。亚海尔威胁道："如果你不撤除这个舷梯，这架飞机会爆炸，这没什么可商量的，就这样，我已经在这里放置了炸弹，按我规定的时间撤除这个舷梯，如果不这样做，我就让飞机爆炸，我发誓。"这段话是亚海尔在阿尔及尔机场向外界喊出的最后一番警告，而他所给出的规定时间是一天。

12月25日，圣诞节的一整天中，谈判都在继续。对于机长伯纳德和飞机上所有人来说，这个圣诞节是他们人生中最漫长的一天。尽管阿尔及利亚政府努力在解救行动中寻求突破，但此时深陷内战的他们确实也没有太好的办法抽调足够的人力、物力来解决此事，这使得法阿两国政府之间也同样陷入了僵局。法国政府多次要求让法航8969号航班飞回法国，让法国特种部队来解决此事，但遭到阿尔及利亚政府的拒绝。而后，法国政府又提出派自己的军事人员进入阿尔及利亚执行反恐任务，但阿尔及利亚政府不希望外国军事力量干涉自己国内的事务。

12月25日21点30分，距离亚海尔给出的一天期限只剩下一个半小时，此时亚海尔的耐心已经被消耗殆尽。劫机者下达了最后通牒，如果不能在30分钟内让飞机起飞，他们将每半小时杀死一名人质。他开始在乘客中寻找下一个目标，而正如伯纳德所担心的那样，亚海尔把目光定在了法国乘客身上———一名时任法国驻阿尔及利亚大使馆的工作人员，他通过电台告诉塔台："我的名字叫亚尼克·布涅，从现在开始整个飞机上的乘客都非常危险，他们准备开始枪杀乘客了，请赶快答应他们的要求，求求你们。"尽管已经有两条人命无辜死去，面对这最后通牒，阿尔及利亚特种部队的指挥官仍然拒绝合作。22点，劫机者按照他们事先警告的那样杀死了这个年轻人，并把他的尸体抛下了飞机。在驾驶室里，伯纳德机长看到驾驶舱的门打开的警告灯，他明白这意味着又有一名乘客被推出机舱门杀害。此时，已经有三名无辜乘客遇难，而阿尔及利亚的解救行动仍毫无进展。

39个小时，8969号航班在被劫持整整39个小时、三名无辜乘客遇难之后，在法国政府的压力下，飞机被获准飞往法国。由于飞机在阿尔及尔机场的39个小时里，为了维持电力，让空调等飞机各项功能都正常运转，机长伯纳德始终没有让飞机的动力系统停止工作，而这个动力，每一天将会消耗4公吨的燃料。此时起飞的时候，飞机的燃料已经没有办法支撑到巴黎了，只能等待阿尔及利亚政府补充燃油或者临时先飞到法国的南部城市马赛。当伯纳德把这两种选择告诉亚海尔之后，亚海尔毫不犹豫地告诉他："去马赛，赶紧走。"亚海尔那种毫不掩饰的急切反而引起了伯纳德的怀疑，因为亚海尔之前的两个要求一是释放反政府武装两位被捕头目，二是飞往巴黎召开记者招待会。而这个时候，亚海尔绝口不再提放人的事情，他一心只想飞往巴黎。伯纳德机长感觉不对劲，认为亚海尔可能还有其他更大的阴谋。就在起飞前往马赛之前，机长伯纳德把亚海尔叫到了驾驶舱门口，伯纳德问亚海尔："你想去巴黎召开记者会，我可以带你去，但我想知道一件事，那就是从阿尔及利亚飞往马赛的途中，你会不会引爆炸弹。"亚海尔告诉他："在这个过程中你和所有乘客都很安全，我们去马赛加油，然后飞往巴黎。"飞机终于起飞，亚海尔在途中也表现出了前所未有的兴奋和激动。

12月26日凌晨3点30分，法航8969号航班终于降落在了法国的马赛机场。当飞机降落的时候，机场又将飞机引导到马赛机场一个偏僻的角落里，而也就是在此时，一支法国最精英的反恐宪兵队在指挥官法维尔的带领下，早已精心布防。法国国家宪兵特勤队，简称GIGN，这是一支专门从事反恐活动的特种突击队，诞生于1973年11月3日，外界称这支部队是"凯旋门前的利剑"。GIGN大约编制120名成员，个个都是百里挑一的精英。由于他们在执行任务时总是穿着一身黑衣，所以人们称他们是"黑衣人"突击队。

对于亚海尔来说，马赛仅仅是一个中转站，他的终极目标是巴黎。此时的他就想赶紧加满油，然后飞走。亚海尔要求在马赛机场给航班添加燃料，数量27公吨，限在8点30分前完成。27公吨的燃油，意味着可以将8969号航班的油箱全部加满，而从马赛飞往巴黎仅仅需要9公吨的燃油。这一条件的提出，表明了亚海尔并不是急着飞往巴黎召开记者招待会，他想把8969号航班变成一个燃烧弹。为了提高突击的成功率，拖延时间到天黑，于是从上午9点30分开始，法维尔就通过谈判，采用给航班上补充食物和水、帮助排空抽水马桶、对飞机进行清洁等一切可以使用的办法，并且向劫机者提出建议，说目前全世界所有的新闻记者都已经聚集到了马赛机场，根本就没有必要再赶到巴黎去召开记者会，没想到这一招还真的奏效了。虽然亚海尔的记者会只是一个幌子，但此时既然有这个机会，他巴不得让自己在全世界面前露露脸，好好风光一把。

当时间一点点过去，夜幕降临的时候，亚海尔有点等不了了。亚海尔搞不清楚，为什么说好的记者还没有到，本来以为自己可以扬名立万的他心里产生了严重的挫败感。他命令伯纳德移动飞机，将飞机停在机场控制塔下，靠近出港口和其他飞机。这一举动是法维尔万万没有想到的，在这种情况下，引爆飞机的后果不堪设想，更重要的是突击队员们都是在当下位置进行的部署。

本来说好的燃油没有动静，本该出现的记者也不见踪影，知道自己受骗了的亚海尔再次走进了机舱，出人意料的是这次亚海尔并没有枪杀乘客，而是用机枪朝塔台的方向疯狂扫射，所有人的精神都紧张到了极点，GIGN被迫进行突击行动，GIGN队员分别乘坐3台登机车前往前舱与后舱，GIGN队员进入飞机后，前舱GIGN队员在机头与劫机者交火中击毙一名劫机者，后舱GIGN队员在机尾命令乘客伏下，并打开逃生滑梯。GIGN队员和劫机者交火中，副驾驶趁机从窗户跳下逃离，因此刚好制造空隙让GIGN狙击队员有射击机会，最后两名劫机者被狙击死亡，双方交火中使用了上千发子弹，在驾驶舱的驾驶员与机组人员两人在交火后奇迹生还。

（二）事件结果

整个拯救任务从开始到结束用时20分钟，25人受伤，其中包括13名乘客、3名机组人员和9名突击队员。一名队员受重伤，是被劫机者从驾驶舱内扔出的一枚手榴弹炸断了手腕。15点35分，法航8969号航班被劫持54个小时之后，四名劫机者全部被击毙。

（三）事件影响

第二天，80名法国人质及所有特勤队的队员返回巴黎的奥利机场。劫机事件发生几天之后，"伊斯兰武装集团"就证实他们此次劫机的原计划是准备在巴黎的埃菲尔铁塔上空引爆飞机，这将会有成百上千的人因此而丧命，从而报复法国向阿尔及利亚政府出售军火的行为。他们没有成功，并表示以后不再进行类似尝试。人们也似乎因此就淡忘了这件事，直到七年之后的9月11日。

劫持民航飞机的恐怖活动是人类航空史上主要的犯罪形式。当前，全球反恐形势严峻复杂，各类恐怖袭击事件有增无减。恐怖主义如同毒瘤危害着人类和社会，也如同挥之不去的乌云笼罩着整个世界。不管过去、现在还是将来，也不管恐怖主义犯罪的起因、动机和目的如何，其结果都将破坏社会稳定与和平，对人类生命构成严重威胁。如何解决恐怖主义问题、有效打击各种形式的恐怖主义犯罪，是当前各国政府研究和关注的焦点。

【问题思考】

我国对恐怖组织的认定标准有哪些？

第一节 恐怖主义概述

一、恐怖主义概念

在历史上，恐怖主义这一概念形成于法国大革命时期，最初主要特指雅各宾派专政时期，即"红色恐怖时期"左派政府所采取的系统化威慑政策，包括对革命敌人的肉体消灭和武器镇压。[①] 随着历史的推进，人们对于恐怖主义有了更多的认识和理解。如今，恐怖主义是指实施者对非武装人员有组织地使用暴力或以暴力相威胁，通过将一定

---

① 周穗明．当代国外恐怖主义理论研究述评．国外社会科学，2003（6）．

的对象置于恐怖之中，来达到某种政治目的的行为。国际社会中某些组织或个人采取绑架、暗杀、爆炸、空中劫持、扣押人质等恐怖手段，企求实现其政治目标或某项具体要求的主张和行动。恐怖主义事件主要是由极左翼和极右翼的恐怖主义团体，以及极端的民族主义、种族主义的组织和派别组织策划的。

恐怖主义实施者往往是那些因民族、种族或宗教冲突而狂热的极端主义组织及其成员，即恐怖组织和恐怖分子。世界各国关于恐怖组织和恐怖分子的认定存着不同的标准。我国对于恐怖组织的认定标准是：以暴力恐怖为手段，从事危害国家安全，破坏社会稳定，危害人民群众生命财产安全的恐怖活动的组织（不论其总部在国内还是在国外），具有一定的组织领导分工或分工体系，并具以下情形之一的，就认定为恐怖组织：曾组织、策划、煽动、实施或参与实施恐怖活动，或正在组织、策划、煽动、实施或参与恐怖活动；资助、支持恐怖活动；建立恐怖活动基地，或有组织地招募、训练、培训恐怖分子；与其他国际恐怖组织相互勾结、接受其他国际恐怖组织资助、训练、培训或参与其活动。

恐怖主义活动的犯罪对象主要是非武装的不特定多数人群或缺少必要防卫能力的群体，实施的目的主要是利用公众的恐怖心理以达到某种政治目的。

【问题思考】
结合一些影响巨大的恐怖事件，总结恐怖主义的特征。

二、恐怖主义的特征

（一）政治性

从动机和目的来看，恐怖主义通常具有鲜明的政治性。恐怖主义企图通过暴力事件来制造社会影响，以暴力威胁的方式实现其主张，是一种有组织、有特定政治目的的暴力行为。他们的主要目的并不是消灭和摧毁恐怖行动的客体对象，而是通过暴力手段，蓄意制造恐慌以影响公众的心理，造成特定的恐怖气氛和政治压力，从而对政府和特定的社会团体形成压力和威慑，迫使对方作出让步，以达到政治报复、破坏统治秩序或影响国家、政府、社会团体的内外政策等特定的政治目的，这也是恐怖主义活动与暴力犯罪活动的根本区别所在。不同的恐怖主义势力有着不同的特定政治诉求，如由某些宗教激进派别或邪教组织演变而来的邪教或宗教型恐怖主义组织，往往以宗教教派或邪教的原有组织体系与活动方式为基础，以其极端、激烈或畸形的崇拜和信仰为精神支柱和动力，利用其信仰的唯一性和排他性控制和欺骗一些信仰虔诚、崇拜狂热的信徒，主张以暴力恐怖方式推翻世俗政权，建立宗教统治或消灭不同宗教教派；极端民族主义或种族主义型恐怖组织，是由一些狂热的鼓吹民族或种族利益至上，采取极端手段歧视、排斥其他种族或民族的极端民族或种族主义分子组成，主张以暴力恐怖方式实现民族分立或种族报复。

（二）组织性

恐怖活动的实施过程具有组织性与非国家主体性。随着恐怖主义活动的蔓延和恐怖组织的不断发展与完善，其组织程度日趋增强。首先是建立了严密的组织体系，既有核心筹划层，又有外围实施层。组织内部分工明确，活动隐蔽，其人员的募集和训练、目标的选择、方案的制定、手段的利用、工具的使用、力量的组织以及逃跑的路线和方法等，大都经过精心准备和周密策划。通过一定的组织形式，他们能够拥有相对充足的人力、财力和先进的犯罪装备。在实施恐怖活动过程中计划严谨，分工周密，因而破坏力极强。同时，恐怖主义活动在实施过程中都要遵循既定的行动纲领和目标，既有阶段性行动方案，又有具体的行动计划。而且，在相当长的时期里，许多重大恐怖主义活动事后大都有相关恐怖组织宣布对事件"负责"，显示出这些重大恐怖事件多数是经过系统谋划、长期训练和周密部署来实施的。此外，恐怖主义对国家安全的挑战一般不是由国家行为体构成的，使用的力量不是军队等国家机器，而是由恐怖主义组织和恐怖主义分子组成的非国家行为体所构成的，具有非国家主体性特征。

（三）隐蔽性

恐怖主义活动是一种非常规的破坏活动，为确保行为的成功，恐怖组织、恐怖分子及其策划的恐怖活动都是在极其隐蔽的方式下进行的，活动诡秘。因此，隐蔽性是其有效实现恐怖目的而又能妥善保护自己的重要特点。

（四）暴力性

武装暴力是恐怖主义活动的基本特征，是实现恐怖目的的基本途径和手段。近年来，世界上所发生的比较大规模的恐怖活动，没有一次不是通过武装暴力或是以暴力相威胁而达到其目的。恐怖势力日趋残酷地袭击无辜平民并使用杀伤力巨大的炸药或炸弹进行恐怖袭击，其最终目的就是为了引起更大的社会关注，制造更大的社会影响，追求更强的恐怖效应，以在社会上造成更大的恐慌，通过社会的恐慌对政府或其他社会团体产生压力，以实现其政治意图。同时，恐怖主义势力为了实现恐怖效应最大化，造成社会秩序混乱，在选择活动目标上往往也具有很大的随意性。当没有任何特定攻击目标和对象的时候，则所有人或所有场所都可能成为其恐怖活动的目标客体，从而把恐怖效应发挥到最大限度。

（五）宗教性

恐怖主义大都有着复杂多样的文化背景特别是宗教背景。纵观恐怖主义发展的历史不难发现，恐怖主义主要是建立在特定的极端思想和偏激信仰基础之上的，恐怖主义活动也因此大都具有强烈的信仰支撑和精神动力。恐怖分子的行为动机与一般暴力犯罪不同，其行为特征也不相同。他们思想顽固、精神狂热、行为极端，根本不受法律、道德、传统和舆论的约束，具有反人类、反社会的特点。恐怖主义分子通常不择手段，不惜以无辜群众为代价，相当残酷、残忍，还往往出现人肉炸弹、汽车炸弹等自杀性攻击行为。据不完全统计，在全球活跃的恐怖组织中，至少有 20%～50% 是具有宗教狂热性质的，其中宗教极端型恐怖主义是最为悠久的恐怖主义类型之一。

（六）非常规性

由于恐怖势力思想极端、行动隐蔽、手段残暴、破坏性强，其对国际社会造成的危害和产生的影响绝非普通暴力犯罪行为所能比拟。首先，恐怖主义不仅在世界各地恶化了社会政治关系，而且加剧了国际国内的社会矛盾，甚至在一些国家和地区挑起了局部战争，对当地民众的生命财产造成了不可估量的损失。其次，恐怖势力往往无视有关国际法准则和惯例，不顾社会道德规范，滥杀无辜，严重影响和破坏国际社会的安全稳定。最后，恐怖主义活动不仅造成大量无辜人员的伤亡，而且通过刻意制造恐怖气氛给社会带来挥之不去的巨大精神和心理恐惧，引发社会动荡，恶化生存环境。

三、恐怖主义对我国民航的威胁

与美国等长期遭受恐怖主义威胁的西方国家相比，我国由于在过去相当长一段时间内较少有恐怖活动发生，导致全社会对恐怖主义威胁普遍缺乏认识，但恐怖主义对我国民航也是有很大威胁的。恐怖主义对我国民航的威胁主要是劫机、劫持低空航空器、劫持地面机场和设施等。

我国民航历史上遭遇的劫机案件，均为境内犯罪人员为达到个人目的劫持民航客机企图外逃。恐怖主义对我国民航的威胁的主要形式如下：恐怖组织可能选择在境外利用当地获取武器、炸药等物品的便利条件，试图劫持境内的民航客机。其目的可能是要挟政府，以航空器上人员的安全为条件，换取释放被逮捕的恐怖分子、暴乱分子。而我国境内主要的恐怖主义势力更多是效仿境外恐怖组织的行为方式，这种趋势有可能日趋明显。另一种可能性是参照"9·11"事件的模式，在境外劫持航空器后，胁迫航空器进入我国境内，然后以航空器为武器对预先选择的地面目标实施自杀式袭击。因此，对民航安保而言，一旦发生空中劫持航空器的事件，处置难度将大幅度提升，提前制定应对之策是很有必要的。

四、民航恐怖犯罪形式

（一）劫持航空器

根据《海牙公约》之规定，劫持飞机是指以暴力、暴力威胁或其他恐吓方式，非法控制飞行中的航空器的行为。所谓"飞行中"，根据《东京公约》第1条第3项之规定，是指"航空器为起飞而启动时，到着陆滑跑完毕时止"的任何期间。后来，为了扩大保护范围，《海牙公约》和《蒙特利尔公约》都对"飞行中"的含义作了进一步解释。《海牙公约》第3条第1款规定："航空器从装载完毕、机舱外部各门均已关闭时起，直至打开任一机舱门以便卸载时为止，均应被认为是在飞行中。航空器强迫降落时，在主管当局接管对该航空器及其所载人员和财产的责任前，应被认为仍在飞行中。"在这期间实施劫机行为，均构成犯罪。这种扩张解释实乃同劫机犯罪作斗争所必需。另外，三个公约对"航空器"也作了限制性的规定，即只是指民用航空器，而不包括供军事、海关或警察使用的航空器。这一限定，适用于危害国际航空犯罪中所有侵害航空器的场所。

（二）侵害航空器内人员

根据《蒙特利尔公约》的规定，对飞行中的航空器内的人实施足以危及该航空器安全的暴力行为，亦构成本罪。

（三）危害或损坏使用中的航空器

根据《蒙特利尔公约》的规定，这是指毁坏、损坏或在航空器内放置毁坏性物质，而致使该航空器无法飞行或危及其飞行安全的所有行为。所谓"使用中",是对航空器保护范围的界定。《蒙特利尔公约》第2条第2项规定:"航空器从地面人员或机组人员为某一次飞行而进行航空器飞行前准备时起,到任何降落后24小时止,均被认为在使用中,在任何情况下,使用的期间应包括本条甲款所规定的航空器在飞机中的整个期间。"也就是说,"使用中"的范围大大广于"飞行中"的外延。

(四)破坏航行设备、扰乱航行秩序

航行设备是指直接服务于航空器飞行的设施。在国际航空法中,航空设备均指包括机场、无线电服务、气象服务等在内的几乎所有的地面服务设施。盗窃或故意损毁、移动航行设施,可能使航行设施失灵或停止工作,致使飞机得不到空中交通管制服务,或者得到不准确或错误的航行情报,因而造成航空安保事故。

(五)危害国际机场

这是《蒙特利尔公约补充议定书》中新确立的一种犯罪行为。行为人只要在国际机场上实施了足以危害民用航空安全的暴力行为,即可构成本罪。它主要是针对使用暴力袭击机场的恐怖活动。

在民用机场内,使用装置、物质或武器,非法或故意对人实施暴力,破坏或严重损坏机场设备或未被使用的航空器或者中断机场服务而造成的航空安保事故。

(六)虚假报告情报

虚假情报,有可能直接导致飞行危险,或者改变原定航线,或者迫降于非预定地点,对航行安全构成威胁。美国、澳大利亚航空公司都曾遇到过用电话欺诈,谎称在机场或飞机上放置有炸弹而勒索钱财,迫使飞机紧急降落的事件。

第二节 恐怖主义犯罪心理分析

目前,世界上出现的恐怖主义犯罪形形色色、复杂多样。不论恐怖主义犯罪是出自极端民族主义恐怖组织还是宗教极端主义恐怖组织或是法西斯型恐怖组织等,都受一定的心理影响和支配。而影响、支配恐怖主义犯罪行为的外显的心理,就是恐怖主义犯罪心理。这种心理在恐怖主义犯罪组织中具有普遍的共性。

【问题思考】
根据自己所查阅的资料,谈一谈恐怖分子的心理特点。

一、恐怖主义的心理学解释模型

(一)综合征模型

综合征模型把恐怖分子看作有着独特人格特质的群体,即恐怖分子在自我认识、态度、动机、价值观和行为倾向等心理特征上与非恐怖分子有着根本的区别。有些学者认为,恐怖分子的情感和自己的身份不一致,这导致他们选择暴力。大部分学者认为,恐怖分子的心理是正常的,思维也不混乱,而且大多数是理性的、受过良好教育的年轻人。有部分学者认为，恐怖分子参与恐怖行动是因为它为他们提供了自我实现感、满足感、身份感和控制自己人生的感觉。

（二）工具模型

与综合征模型相反，工具模型认为，恐怖主义分子不存在任何心理异常或独特性（即"变态人格"或"恐怖分子人格"），恐怖主义只是一种工具或手段。这种观点还提出，恐怖分子在某种情况下认为恐怖主义是达成目标的非常有效的方式，同时不存在任何其他同等有效的方式，即恐怖主义工具在预期效用上特别高，而目标对于恐怖分子来说又非常重要的时候，恐怖分子就会使用恐怖主义的方式来实现目标。这种观点可以解释为什么不同的恐怖组织在使用的手段上是不同的。例如，有的恐怖组织几乎不给谈判、对话或调解留下任何空间，对于他们来说恐怖主义和暴力是唯一的手段；而有的恐怖组织还有一些其他手段（如外交和媒体宣传），这就会减轻他们对恐怖主义手段的使用，或者说在其他替代手段对于他们达成目的来说显得不可行的时候或存在不利于恐怖主义的其他目标的时候，他们才会使用恐怖主义手段。此外，有心理学家根据行为者的动机和意图把攻击划分为工具性攻击和敌意性攻击。敌意性攻击与愤怒相关，而且通常不会去计算长期的影响结果；工具性攻击则是把攻击当作一种工具或手段以达到目的。敌意性攻击和工具性攻击并不是相互排斥的，相反，它们往往交织在一起。恐怖分子在这两者间的平衡点通常是不确定的，恐怖袭击的策划者可能具有更多的工具性成分，而恐怖袭击的实施者可能具有更多的敌意性成分。因此，仅仅把恐怖主义当作一种工具或手段的观点并不足以完全解释恐怖主义行为。

（三）自恋—攻击模型

一些学者认为，极端的自恋为恐怖主义行为提供了一个合理的解释。根据这个理论，那些极端自恋的人把自己看得极其重要，对自己持过高的评价，但是他们设想的这种自我评价往往得不到他人的认同，在现实生活中也可能证明是不正确的，这就可能产生自恋型的愤怒，并导致攻击行为。事实上，这个理论在解释恐怖主义行为时存在着一些支持性的数据。

（四）挫折—攻击模型

一些心理学家认为，挫折是导致恐怖主义的原因。挫折—攻击模型提出，当一个人目标的达成受到阻碍时，就会产生攻击行为。攻击总是挫折的一个结果，发生攻击行为总是假定已存在挫折，以及相反的，挫折感的存在导致某种形式的攻击。但是，并不是所有的挫折都会造成公开的或直接的攻击，当我们的目标完成受到挫折或是受到阻碍时，我们首先选择的攻击对象是挫折的来源，如果这个来源过于强大，我们就不得不转变我们的攻击对象，也就是所谓的转向攻击或移置攻击（displaced aggression）。支持运用挫折—攻击理论来分析恐怖分子的学者认为，恐怖主义是"移置在另一个对象上的攻击行为"。恐怖主义者往往不是直接攻击目标对象，而是转而攻击其他的无辜对象，以引起目标对象的注意。但是，挫折—攻击理论在心理学界一直受到争议。有些反对的学者认为，挫折并不会必然导致攻击，挫折只有在特定情况下才导致攻击。

（五）社会情境模型

1. 根本因素。一些研究人员试图找出潜藏于恐怖分子行为之中的根源，他们从贫穷、教育缺乏和政治压迫等社会因素中寻找恐怖主义的必要条件和充分条件。2003年，有研究者提出了一些引发恐怖主义的根本原因：缺乏民主、公民自由和法制；为恐怖分子提供庇佑机制的无能或软弱的国家；过快的现代化进程；宗教的或非宗教的极端主义意识形态；政治暴力、内战、社会变革、专政或占领的历史先例；霸权和权力不平等；非法的或腐败的政府；强大的外部力量掌控了非法的政府；占领国或殖民国的镇压；存在因民族、种族或宗教原因而被歧视的经历；持不同意见的群体或社会分层；社会不公的经历；存在具有超凡魅力的、意识形态上的领袖；诱发事件，等等。但遗憾的是，迄今为止，还没有找到存在这种根本原因的支持性证据。尽管一些调查发现许多恐怖分子确实是来自遭受政治迫害的国家，但是大多数心理学家认为这些并不是导致恐怖主义的根本原因。与之相反，几种社会因素或情景因素的结合，可能被认为是恐怖主义产生的促成因素。

2. 促成因素。一系列社会心理学实验表明，社会情境因素对人们的行为有着重要的作用，情境因素可以使人们实施一些与自己的公开价值观相反的行为，即一个心理正常的人出于思想上、观念上的缘由，在特殊的社会诱因下，也可能做出骇人的残暴行为。在1994年，有研究者在采访一些真正的恐怖分子的过程中发现，这些人有一个共同点，即他们都认为自己是面对敌人而做出的"自卫"行为，都认为暴力是对外界威胁而"不得不做出的反应"。当然，这些人可能出现了归因偏差，过高地认为自己的行为是出于情境的需要。

（六）综合性模型

1. 过程模型。人格理论和情境理论都过于简单化，不足以解释人们为什么加入恐怖组织成为恐怖分子。2005年，有学者提出过程模型，认为一个人成为恐怖分子是一个过程，是一步一步逐渐形成的，在这个过程中很多因素都发挥着关键作用。大体上包括：个体极易受到加入恐怖组织带来的好处的影响；组织中都是思想相同的人，成为这个组织中的一员能带来思想统一和团体共享的舒适感；仰慕"角色榜样"；社区压力；来自重要的人的赞同（特别是妻子或丈夫）。此外，还提出要确定是什么使得一个人比别人更容易受到影响是很困难的，但是一个人既存的信仰、社会化、人生经历、对现实生活的不满以及想象变量的能力都可能有影响作用。

2. 楼梯模型。2007年，有研究者提出楼梯模型，把一个人加入恐怖组织实施恐怖行为的过程比喻成一个爬楼梯的过程。首先，在底层讨论的是物质条件对人们的影响，一个人的物质条件的好坏并不必然导致恐怖行为，而认为自己受到不公平待遇的人会被激励去寻找方法来解决这些不平事，那么这种人就进入到了第一层；在第一层，人们寻找知觉到的、能与不公平待遇作斗争的可选项，那些强烈地将问题归责于他人的人进入到第二层；在第二层，对无辜平民的攻击通常是转向（移置）攻击，但大多数进入到第二层的人并不会实施身体上的转向攻击，而是实施言语攻击，只有那些打算进行身体上的转向攻击并寻找机会实施的人才进入到第三层；在第三层，道德发挥作用，恐怖组织在此时尽一切力量使其成员相信自己的行为是符合道德的、是为自己的理想和信仰"殉道"，而政府及其工作人员才是不道德的；在第四层，恐怖组织加强其成员的"我们与他们"的分类思想，并使其行为合理化，当一个人进入到第四层并加入到恐怖组织的秘密世界之后，就成了受到严格控制的组织中的一员，就会发现自己的选择受到了极大的限制，而且几乎没有什么活着离开的机会了；在第五层，实施恐怖行为，并规避阻止机制的发生。

二、恐怖主义犯罪的一般心理特征

（一）认识特征

1. 偏执的认识。认识是心理发生、形成的基础，同时认识又是行为定向的工具。恐怖主义犯罪组织的建立多由地域接近的人群组成，由于受一定区域社会历史背景、文化、意识形态等内容的影响，尤其是受这些区域亚文化因素的影响，他们都容易形成与社会主流文化不一致，甚至是相反的认识。恐怖主义犯罪分子往往在犯罪组织群体意识的影响、作用下，将错误的认识、反社会的认识当作真理来追寻，即使事实不是如此，现实行不通，或者已经碰得头破血流。

2. 歪曲的意识。意识是心理发展到一定高度才会出现的复杂的精神现象。恐怖主义犯罪分子不论属于哪个民族、哪种群体，从他们的言语举动、行为表现都一再表明，他们更多地受极端民族意识和极端宗教思想的影响，受到亚文化甚至犯罪亚文化的熏陶，不能客观、真实地看待现实世界，不能正确地区分客观现实的"我"和主观愿望中的"我"，不能正确地定位自己，不能正确地分析现实社会中存在的各种矛盾、冲突，头脑中形成一系列歪曲的精神活动和意识内容，进而形成一种痴迷的意识。这种心理内容的存在也正是恐怖组织发展其成员的心理基础，恐怖组织比较注意挖掘和吸收具有这种心理因素的人。由于痴迷的对象往往与信念或信仰有关，所以痴迷者的表现更多地倾向于幻想，由于痴迷和幻想致使其思维变得狭窄，人容易出现偏执或疯狂的状态，从而出现像恐怖主义不惜拿自己的生命来劫持飞机并和机上人员同归于尽那样的行为。恐怖主义犯罪分子大都有自己的"宗教教义"。恐怖分子的这种疯狂状态正是和长期极端的民族主义、宗教思想的宣传有关。他们长期接受这种异端学说，使自己的信仰和信念达到了痴迷程度。

3. 错误的归因。20世纪60年代，心理学家用因果关系推论的方法，从人们行为的结果寻求行为的内在动力因素，称之为归因。归因是指人们推论他人行为或态度原因的过程。海德指出，人们都是以"日常心理学"的方式来解释日常生活事件的。他认为，人们通常试图将个体行为归结为内部原因或外部原因。归因中存在自利偏差，这是一种动机性偏差，当人们把成就归因于内部因素，把失败归因于外部因素，如当人们受到不公平待遇时，人们习惯将其归于外部因素，如社会环境、政府不作为等。两次世界大战后，各地遗留问题的误导，使得恐怖主义犯罪组织在面对别的群体或组织、面对政府的各项政策时，即使这些都是帮助他们改善生活、有利于地区经济发展和民族团结的，他们也都持怀疑态度，其解释都会归因于别的群体或组织、政府"别有用心"。因此，当他们与其他组织、群体发生矛盾冲突时，都斥责强者，美化自己，对于自己面临的困境产生不合理的归因。当恐怖犯罪行为实施后，面对许多消逝的无辜生命，他们推脱责任，甚至怪罪被害人。

（二）情绪情感特征

1. 极度的仇恨心理。仇恨是恐怖主义犯罪分子最为典型的情感特点。对世俗社会和强权势力的极端仇恨以及对实现目标的极端渴望，导致恐怖主义分子对自身生命麻木、无所畏惧、对他人生命漠视冷酷，根本无同情怜悯之心。在他们眼中只有信仰，只有组织利益和目标，在无辜百姓死亡惨状面前，往往没有罪恶感，相反产生的是成就感、荣誉感和使命感，其情感具有反社会性。有研究者提出，恐怖分子的仇恨来源于"相对剥夺"。这种剥夺感是当人们感知到他们当前享有的生活水准低于他们期望的自己应该享有的生活水准时，就开始变得不满和具有反抗精神。一旦群体产生剥夺感，就会出现仇恨和敌对心理。恐怖分子大都生活在战乱不断的国家或地区，这种长期的战乱使得当地居民大都为温饱而挣扎，极度缺乏安全感。在这样严重的相对剥夺的状态下，就造就了情感淡漠、麻木、冷酷的恐怖分子。

2. 易激惹的愤怒情绪。心理学上认为情绪具有传染性，尤其是负面情绪。虽然恐怖主义犯罪组织的组成成分十分复杂，但其成员基于共同的信仰、歪曲的人生哲学，并在长期积压的消极情绪基础上，个体因小事引发的愤怒情绪也在组织内迅速传播，演变为群体的愤怒，并在愤怒情绪的催化作用下，推动暴力犯罪行为的发生。恐怖劫持事件发生时，恐怖分子都群情激奋。这种激情状态呈愈演愈烈之势，一旦有导火索出现，哪怕是一件很微小的事情，也会将这个巨大的火药库点燃。所以，恐怖组织在策划劫持事件时，不难煽动其成员的情绪，让他们肯于放弃一切，包括生命，甚至将平民百姓、妇女儿童作为牺牲品。而且，对这样一些恐怖行为，不但没有罪恶感，相反还会有一些成就感和胜利感。

3. 正常情感的缺失。情绪情感是一种复杂的心理现象，其复杂的原因在于情感是伴随个人的需要等衍生的一种心理现象。因此，有学者认为，恐怖分子的情感缺失是由需要失衡导致的，当个人的某种需要得不到满足时就会引起需要者从生理到心理的痛苦感受，这种因不满足而让个体倍感痛苦的现象就是一种心理创伤，这类痛苦感受随着刺激源的强度和持续程度的增强可致使一些人出现疯狂或执着的行为，人在这种心理状态下往往表现异常，不顾一切，甚至自我毁灭。恐怖分子的生存环境较为恶劣，受长期饥寒交迫、天灾人祸的影响，他们的情感极度匮乏和缺失。因而，恐怖犯罪分子大多持有一种极端麻木冷酷的情绪状态，根本谈不上同情怜悯之心，再严重的后果在他们看来也是必要的。

（三）意志特征

恐怖主义犯罪分子的意志品质具有坚韧性、残忍性。与一般暴力犯罪不同，恐怖主义犯罪活动绝无临时起意或偶发性情况，都是在精心策划下，有目的、有计划、有步骤地进行的，是一种意志努力的结果，因为他们要在克服困难后才能实现。他们一是要克服明知是违背道德和法律的行为但仍然要坚持下去的动机冲突；二是要克服自身的恐惧和紧张情绪；三是要克服犯罪行为实施中有可能遇到的各种障碍。在整个过程中，恐怖主义犯罪分子的意志力十分坚定。恐怖主义犯罪分子意志的残忍性表现在实施犯罪的活动中，由于受极端信仰的支撑，受长期积压的仇恨情绪的驱使，并无一般犯罪常见的动机斗争和心理冲突，一旦抓住机会，就会一意孤行，不惜献出自己的生命，无视残害无辜，不达目的决不罢休。

三、恐怖主义犯罪的群体心理特征

（一）去个性化的群体嚣张

勒庞在其群体心理理论中提到，当个体成为群体一分子时，其个性就会自觉消失。"在某些群体情境中，人们更可能抛弃道德约束，以至于忘却个人身份，而顺从于群体规范——简言之，也就是变得去个性化。"在恐怖劫持事件中，参与者个体并非以个人的身份出现，而是作为该群体的一分子参与活动，其行为被群体共同行为所同化。也就是说，参与者自我感觉是"匿名者"。这种去个性化的直接后果是参与个体的无责任心理，即谁也不认识谁，不会有人知道是我干的，个体在这种状态下会变得道德沦丧、目无法纪。

（二）犯罪组织的聚众效应

恐怖主义犯罪组织的群体心理已经不是各个恐怖分子心理的简单相加或总和，而是既建立在恐怖分子个体心理之上又超越了个体心理，表现出心理共同体的特征。因此，在这种心理共同体中去个性化现象十分突出，即一旦加入恐怖主义犯罪组织，个体的一切就融入了恐怖群体，成员的个体感不再重要，个体所做的一切都是恐怖主义犯罪组织意志的体现，不需要去承担恐怖组织实施恐怖活动的责任，这种去个性化的聚众效应加速了恐怖主义犯罪组织的发展。

（三）极强的组织凝聚力

恐怖主义犯罪组织是特殊的犯罪群体，这种犯罪群体对加入的组织成员具有极强的凝聚力。凝聚力的作用表现为三个方面：一是组织成员共同的出于某种反社会的信仰和价值观；二是组织成员目标高度一致地对政府、对强权力量的仇恨情绪，使个体的情感体验紧密联结在一起；三是组织成员在应对内外压力和各种危险中相互鼓励、安慰，建构起牢固的情感相融的精神纽带。

（四）特殊的犯罪心理共性

恐怖主义犯罪组织类型复杂多样，但就犯罪组织成员的犯罪心理来说，仍然具有共同点。

1. 一致性。恐怖主义犯罪分子之所以汇集到恐怖犯罪组织中，是因为他们有许多相同的地方，即认识歪曲、崇尚暴力、"犯罪有理"心理防御机制运用的相同。他们都斥责强者，美化自己，怪罪被攻击对象，推脱责任。学者们一致性为，恐怖主义犯罪组织内的成员虽然形形色色，但他们的政治信仰或宗教信仰是一致的，他们仇恨强权政治、仇恨强势力，他们的情绪体验和反社会的特性是一致的。

2. 共存性。恐怖主义犯罪分子成长环境、条件不同，个体能力大小不同，心理所遭受的创伤不同，认知水平不同，错误认识的深度不同，等等。这些不同，都在恐怖主义组织的犯罪活动中得到代替性的补偿，正是这种互补和共存，使得恐怖主义犯罪分子相互学习、模仿，相互鼓励，相互感染，自信增长，犯罪能量增强，实施个体不敢想不敢做、即使做了也难实现的犯罪活动。

3. 互动性。互动性主要表现在恐怖主义犯罪组织内的人际交往中，首先，加入恐怖主义犯罪组织的人员一律要接受恐怖组织首领洗脑式的精神训练，这种互动具有强制性；其次，有经验的、资历深的、年长的恐怖犯罪分子会向年轻的、缺乏经验的、资历浅的恐怖组织成员进行心理、行为示范；最后，一般成员之间的愤怒情绪相互感染，轻微的一事，便引起恐怖主义犯罪组织内强烈的情绪反映，这种"同仇敌忾"的愤怒情绪，使得恐怖犯罪组织内部的心理联系更加紧密，行为分工合作更为明确，对犯罪目标理解得更深刻，犯罪行为实施中协调更顺畅、配合更紧密，实现目标更加迅速准确。

第三节 案例分析及危情沟通策略

一、法航8969次航班恐怖劫机犯罪行为分析

根据恐怖主义形成的根源及特点，结合案例阐述，一般认为恐怖劫持作案的特点有以下几点：

1. 团伙作案，目标明确，策划周密。该恐怖劫机事件是以团伙形式出现的。随着科技的进步及各国对反恐怖活动的重视，个体已经难以完成恐怖劫机活动全过程。因此，恐怖劫机活动一般都是经过严密的组织策划，即便是少数人参与的恐怖劫机活动，也是经过某个恐怖组织的周密策划的。恐怖分子与相关组织的关系一般是恐怖分子隶属于某个恐怖组织，这个恐怖组织又隶属于更大的恐怖组织，或者接受某个国家的某个机构、某个团体或者某个企业的支持和资助。

恐怖劫机的目的远非是夺命伤财，更重要的是通过制造恐怖气氛和骇人听闻的事端，给一些国家和人民带来挥之不去的巨大的精神和心理恐惧，直接引发金融动荡、社会混乱，进而对国家的政局稳定、经济发展等造成很大的负面影响，从而给政府和社会造成心理压力，在精神上打击对方，使对方意识到它的威慑力和重要性，改变对方的力量优势，形成一个讨价还价的局面或地位对等的谈判，达到进行政治恐吓、要挟社会的目的。这也是恐怖活动与其他犯罪活动相区别的重要特征。

为了达到目的，恐怖分子总是在实施犯罪之前做尽可能充分的准备，包括准备实施恐怖犯罪的工具、制造秘密而周详的行动计划、选择作案时机等。行动前对劫持对象的选定，作案的计划、准备、实施方式，作案后的去向都经过了长期的精心策划，有一套严密的犯罪计划，在实施犯罪时行动隐蔽突然，分工明确，组织严密。

2. 信念坚定，经验丰富，行动坚决。恐怖组织大多很重视对其成员的军事素质和恐怖活动特点素质的训练，绝大多数进行恐怖活动的恐怖分子都经过严格的训练，他们作案经验丰富，能够娴熟地使用精良的武器装备，常持有火力十足的枪支或爆炸物，具有较强的抵抗力，在实施劫持后能组织有效的控制与抵抗。此外，恐怖组织还格外重视其成员对宗教的痴迷和狭隘的民族意识。恐怖劫持实施者往往犯罪信念坚定，狡猾顽固，行动坚决，不轻易退缩和动摇，关键时刻不惜机毁人亡，显示其"凤凰情结"，即一些政治型或理想型恐怖分子在从事恐怖活动时所抱有的"必要时准备身亡"的心理状态。这些人明知从事恐怖行为的风险极高，但是他们不在乎死亡，因为他们坚信如果牺牲个人的生命能够换取所追求的"理想"及世人的瞩目，就像"火凤凰"一样虽死犹生。

3. 心狠手辣，手段残忍，要求苛刻。恐怖组织是一个经过严酷训练而逐步形成的具有特殊意识的群体。他们在思想上漠视无辜生命的价值，常以杀害人质作为施压手段，淡化乃至完全忽略其恐怖手段的合法性。他们在受命时坦然采取激进行为而不计任何后果，血腥与残忍于他们而言已经习以为常，只要能达到目的，完全不择手段。恐怖劫机与其他恐怖活动相比，造成的影响更为深刻、持久，使人们长期陷入深深的恐惧之中。

二、法航 8969 次航班恐怖劫机案例谈判策略分析

针对恐怖劫机，稍有不慎就会造成人质伤亡或人机共毁。纵观世界反恐怖劫机行动成功的经典案例，虽然通过谈判协商和平解决的案例极少，但谈判仍是必不可少的阶段。

（一）失误方面

1. 主动"激怒"劫持者。在案例介绍中，亚海尔带领其他三名组织成员将法航 8969 次航班劫持后，提出的要求：一是立刻释放两名阿尔及利亚反政府武装头目；二是让飞机离开阿尔及利亚，他们要在法国巴黎召开一个新闻发布会，如果不同意就引爆炸弹，人机共毁。阿尔及利亚政府方面态度强硬，不仅拒绝了亚海尔的要求，而且还派出了阿尔及利亚特种部队将航班团团围住，因而激怒亚海尔，枪杀了一名男乘客。

后来，经过谈判斡旋，法国政府答应满足亚海尔的其中一个条件，就是让 8969 次航班起飞前往法国，但亚海尔必须释放妇女儿童乘客。亚海尔答应了要求，释放了 63 名人质。但阿尔及利亚政府军方却拒绝执行允许航班起飞的命令，导致再次激怒亚海尔，从而导致第二名无辜乘客丧命。

2. 错误"引入"第三方。在航班被劫持第 12 个小时的时候，机场塔台再次传来消息，但这次却是一名苍老女性的声音。亚海尔的妈妈用带着哭腔的声音，反复喊着亚海尔的名字，恳求他释放人质。然而，她的出现不仅没有让亚海尔停止恐怖行为，反而让他失去了耐心，并向阿尔及利亚政府发出最后一次通牒。

3. 轻视"回应"时间期限。当亚海尔在阿尔及利亚机场向外界喊出最后一番警告后，阿尔及利亚政府并没有给予足够的重视。在距离自己给出的一天期限只剩下一个半小时的时候，亚海尔的耐心和等待已达到了极限。他下了最后通牒，如果不能在 30 分钟内让飞机起飞，他们将每半小时杀一名人质。面对通牒和时间期限，阿尔及利亚特种部队指挥官仍然拒绝合作，从而导致第三名无辜乘客被枪杀。

（二）成功方面

1. 正面"回应"要求。法国政府根据亚海尔提出的要求，择易先行，答应其飞往法国的要求；针对对方提出的要求暂时不能满足的，也作出正面回应，并力求解决。例如，针对亚海尔要前往巴黎召开记者招待会的要求，法国政府以全世界的记者都已聚集到马赛为借口，建议其在马赛举行记者招待会。

2. 必求"对方"回报。在满足亚海尔要求的同时，法国政府提出相对等的交换条件，即让对方释放妇女儿童乘客。通过该方式可以让劫持者明白他必须做出让步才能满足自己的要求，而且在一次一次要求满足中会不断降低自己的期望和底线。

3. 合理"处理"期限。马赛对于劫机者来说仅仅是一个中转站，他们的目标是巴黎。当航班在凌晨3：30降落在马赛机场后，亚海尔提出要给客机添加燃料，并限在8：30完成。针对对方的时间期限，法国政府成功拖延过去，并从上午9：30开始通过诸如给航班补充食物和水、排空抽水马桶等各种方式来拖延时间，为武力处置争取时间和机会。

三、具体策略

恐怖劫持者一般都是集政治、军事、经济于一体的团伙，因对现行政策不满而产生劫持行为意向，并在"不惧死、不轻信、不妥协、不久战"这四种决意心理状态的支配下展开劫持活动。恐怖劫持一旦形成，与恐怖分子进行协商的目的在于拖延时间，为武力攻击赢取时间。危情沟通人员要掌握此类人的心理特点，尽量通过战术性沟通模式削弱其对劫持目标的侵害，降低对方所提条件，并在"条件"上实施讨价还价技巧，以拖延时间。

（一）安抚情绪，示弱麻痹

恐怖劫持者由于其要求具有一定的政治目的，因此往往比较难满足。他们在情绪上会焦急、暴躁，行为上可能会殴打或伤害人质，此时需要危情沟通人员一方面进行语言制止，另一方面要主动示弱，表示会帮助他表达诉求或要求，尽快满足其要求。

（二）满足要求，拖延时间

针对劫持者提出的要求，尤其是其最为关心的要求进行处理，不是简单的满足或不满足，而是要为整个危机事件的处置服务，要达到稳定情绪、拖延时间、收集情报的目的。所以，对劫持者提出的所有要求都要回应，不"立即拒绝"，不"立即答应"，不"漠视不理"，不"假装忘记"。回应就是要了解要求的细节和具体内容，并答应转达或记录。在回应过程中，语气要含蓄婉转，使用中性词语，避免使用带有倾向性词语。

欧美国家的谈判经验认为，食物、饮料、医疗药品、钱、自由等，这些简单要求可以尽快满足，以取信于对方，平复其情绪，同时也要提出交换条件，以推动谈判进程。

1. 提供饮食方面的注意事项。通过提供食物收集劫持者的饮食习惯以及劫持者和人质的数量等情报；不要一次提供足够数量的食物，以增加对方提出要求的次数，进而创造收集情报或突击的机会；不要提供足够数量的餐具，创造劫持者和人质分享食物或餐具的机会，以促进斯德哥尔摩效应的产生；不要在食物中施放失能或致命药物，因为这些药物在人体内会有一个作用过程，在这个过程中，人体会有察觉并有行为能力，而且由于个体差异性，每个人对药物的接受程度也不同，如果沟通对象察觉用药后，暴力对抗行为随时可能发生。此外，劫持者还可能先让人质吃食物，从而造成不应有的后果。

2. 提供医疗方面的注意事项。劫持者提出现场有伤者需要医疗救助时，应按照有利于救助伤者，避免产生新的危机，借机收集情报信息的原则提供相应救助；要求对方将伤者送出，伤者脱离现场送到医院，能够得到及时妥善的救治，同时还可以向伤者收集情报；提供医疗救助用品，若伤势不重，可以将医疗用品送进现场，通过电话指导救治。除非迫不得已，不可派医疗人员进入现场实施救治，以免增加新人质，使危机升级。

（三）合理处理期限，适时介入第三方

针对期限的处理，要从三个方面着手：（1）正面回应期限。不要立即接受所设期限，要陈述难处，表明尽最大努力争取，但未必能在规定期限内完成，降低其心理预期。如能在期限内满足，则应要求回报。（2）主动记录期限。核对时间，避免因时间标准不同产生误会。不可自定期限，不主动提醒期限。（3）尽量拖过期限。期限将至，可利用已安排要求做拖延，尝试跨越期限；或以某环节的工作安排出现问题为借口，将失误归于其他单位或原因。

第三方即中间调停人，主要包括亲朋好友、律师、心理专家、医生、新闻媒体等。要根据危机事件的性质和事态进程来决定是否介入第三方，如果使用不当，将会带来灾难性后果，因此第三方的引入必须考虑以下四个方面：（1）调停人对劫持者的影响力；（2）调停人的自身反应；（3）劫持者对调停人的反应和回应；（4）调停人与劫持者的亲属关系及亲密程度。

（四）恰当作出让步，为武力攻击创造时机

准确选择让步时间对谈判进程有至关重要的作用。让步过早，会激发对方得寸进尺；让步过晚，可能会激怒对方造成不可挽回的结果。一般情况下，在期限到达之前，可以作出微小或部分让步，以便稳定劫持者情绪和拖延时间；在谈判尾声，可考虑作出象征性让步，以便推进和平解决协议的达成；武力攻击前夕，可作出"重大让步"，以麻痹对方，借助战术性让步配合武力攻击手段。

在作出让步后，继续进行具体细节方面的商讨，一方面可以拖延时间，转移对方注意力，另一方面在细节讨论过程中发现可利用机会，如通过商讨话题转移对方注意力，通过接收物品等使劫持者与人质或武器分离等。

同步练习

1. 简述恐怖主义的特点。
2. 简述民航恐怖犯罪的形式。
3. 阐述恐怖主义犯罪的心理特点。
4. 概述恐怖劫机危情沟通策略。
5. 利用拓展阅读案例进行危情沟通过程模拟。

拓展阅读

沙特闪击人质获救　22小时俄航惊魂[①]

2001年3月15日，土耳其当地时间13时59分（北京时间19时59分）传出惊人的消息：俄罗斯伏努科沃航空公司一架图-154大型客机飞离伊斯坦布尔国际机场后不久即遭劫持。机上共有176名乘客和机组成员。随后，飞机降落在沙特的麦地那机场。当地时间3月16日12时40分（北京时间3月16日17时40分）沙特特种部队在机场

---

① http://news.sina.com.cn/w/209668.html（略有删改）。

采取闪击行动，两名劫机者被擒，一名被击毙，人质获救。

起飞半小时即遭劫持

据新华社报道，沙特内政部负责人 16 日宣布，沙特特种部队当天上午对降落在麦地那机场的被劫俄罗斯客机发动突然袭击，制服了劫机者，解救出了机上人质。据报道，这次突袭行动仅仅持续了几分钟，一名劫机者被击毙。此外，一名空中小姐和一名男性乘客已被劫机者杀害，还有数人受伤。这架俄罗斯客机是 15 日下午从土耳其伊斯坦布尔机场起飞后不久被劫持到沙特西部的麦地那市的。经证实，飞机上共有 162 名乘客和 14 名机组人员。飞机降落后，沙特有关部门官员同劫机者进行了长时间的谈判，但未能说服劫机者投降。

俄航遭劫这一消息是土耳其伊斯坦布尔机场官员最先从航班无线电通话得知的，接着又从无线电中听到劫机者的声音，似乎是车臣人的声音，但更具体的情况就不清楚了。土耳其运输部部长埃尼斯·奥克苏斯在接受电视台记者采访时证实了俄罗斯一架民航遭暴力劫持的消息。他告诉记者："一架载有 170 名乘客的俄罗斯民航客机被两名自称是车臣人的武装分子劫持，到目前已经知道有一人被劫机者扎伤，但没有其他劫机者持有武器的进一步消息。现在飞机仍在土耳其空域内，但很快就会飞离土耳其领空前往某个阿拉伯国家。"

伊斯坦布尔机场官员透露，这起劫机事件是土耳其境内自 1998 年以来第五起劫机事件。最近的一次发生在 1999 年，一名持刀男子在飞机从伊斯坦布尔起飞不久后冲进驾驶室，劫持了航班，飞机在德国汉堡降落后，该男子向德国警察投降，46 名乘客中无人受伤。1998 年 10 月，土耳其特种部队在安卡拉机场成功突袭一架被劫客机，打死一名劫机者。

土耳其外交部一名官员也证实了劫机的消息，并且透露被劫持的飞机正飞往叙利亚。该外交部官员还证实，这架俄罗斯航班是从伊斯坦布尔起飞的，准备飞往莫斯科，但在起飞 30 分钟后即遭劫持。

叙利亚方面很快证实，绝没有遭劫持航班飞到该国的事！正当记者们对这架在天上的飞机云里雾里的时候，塞浦路斯政府传出消息说，被劫持的俄罗斯航班已经飞越该国领空，正向埃及方向飞去。塞浦路斯劳动运输部部长瓦索斯·皮尔戈斯表示："我们没有接到被劫持客机要求在我们国内机场降落的请求。我们所知道的消息就是那架飞机飞过我们的飞行通报区，正向埃及飞去。"

埃及开罗机场控制塔台果然很快接到俄罗斯飞行员的通报。这位俄罗斯飞行员告诉开罗机场塔台人员说，他们的目的地是沙特的麦地那，不准备在开罗机场降落。

劫匪挟俄航降落麦地那

俄罗斯伏努科沃航空公司的官员在接到世界各地记者打电话求证的时候，还不知道自己公司航班被劫持的消息，显得非常震惊。该公司发言人告诉记者："到目前为止，我们对劫机的事一无所知，目前正在核查有关报道。"不过，这位发言人证实说，该公司确实有定期往返伊斯坦布尔的航班，所以正在核查是否有该公司的航班当时正在飞离伊斯坦布尔。俄罗斯航空公司是飞行国际航线的主要航空公司，该公司发言人表示，他们同样对俄罗斯航班遭劫持一无所知。

俄罗斯外交部随后倒是很快就证实，被劫持的客机是俄罗斯伏努科沃航空公司的，这是一架包机，上面共有 160 余人。俄罗斯国营 RTR 电视台随后也证实说，被劫持的飞机是图－154 型。此时，俄罗斯伏努科沃航空公司在莫斯科总部证实说，该公司确有一架航班遭劫持，于莫斯科当地时间傍晚 6 时（北京时间 23 时）降落在沙特麦地那机场，但无法就此事件发表任何评论。

与此同时，远在莫斯科机场，当遭劫飞机乘客的亲朋好友们从机场的扩音器和电视上听说或看到自己亲友搭乘的航班遭劫之后，感到震惊异常。手里拿着一大把玫瑰花满心欢喜准备迎接妻子的亚历山大告诉记者："我是从机场的电视上得知这次劫机消息的，真是太让我震惊了。后来我们都赶着追问机场人员，他们个个全都是一问三不知。"

劫机一刹那俄航曾下跌

在随后的时间里，飞机到底是怎么被劫持的？一名人员又是如何受的伤？乘客和机组人员又受到哪些惊吓？这些成了人们最关注的问题，直到第一批乘客获释后这些问题才总算明了一些。

本次航班总共有 162 名乘客，14 名机组人员，其中包括 98 名俄罗斯人，59 名土耳其人和部分乌克兰人。在沙特警方谈判专家的努力下，劫机者允许机场有关人员将食品和饮料送上飞机，并且不久就释放了第一批 14 名妇女、老人、孩子和一名被劫机者扎伤的年轻男子。从沙特国家电视台播出的画面来看，这批妇女和儿童很快被接进候机厅，接受沙特有关人员的帮助。麦地那机场经理阿卜杜拉·穆斯拉夫透露，被劫机者扎伤的年轻男子已经被送往当地医院接受治疗。紧接着，沙特国家电视台又播出一条让人振奋的消息："15 名乘客奇迹般地逃出被劫持的飞机！他们是乘劫机者精力分散之际从飞机后舱的紧急出口处溜出来的，目前正在接受必要的治疗服务。"此后陆续有 45 名乘客走出飞机。所有获释或者逃出飞机的乘客普遍显得疲惫和不适，但除此之外还算没什么大问题。

逃生的乘客透露，飞机上的乘客和机组成员饱受惊吓：先是看到劫机者与空乘人员搏斗，空乘人员被扎伤；乘客们惊魂未定，劫机者又放出风来说："谁也不许乱动，飞机上有炸弹！"最可怕的是，由于劫机者在驾驶舱入口与空乘人员发生激烈打斗，结果飞机在空中一度突然跌下了 1300 米的高度，但总算没有发生什么危险。

劫机者疑为"部级干部"

导演这次劫机恐怖事件的人到底是谁？他们到底有多少人？他们究竟想干什么？

对于劫机者的身份，从这次事件发生之初各方就证实说，劫机者是车臣分裂分子。一个所谓"车臣代表"的女人在叙利亚首都安曼与记者接洽，表示愿意证实劫机者的身份。这个名叫阿特法娅·法里萨的女人透露说，策划这次行动的负责人是车臣前"内务部长"阿萨耶夫·阿斯拉比克，此人 1998 年在与俄军作战中受伤，这次是到土耳其来接受治疗的。实施这次行动的目的是为了得到国际社会对车臣问题的关注，引起全世界对车臣正在发生的事情的关注，呼吁国际社会积极介入车臣事务。阿特法娅拒绝透露劫机行动的细节和参加劫机的人数。不过，极具讽刺意味的是，就在这个女人透露劫机者身份不久，总部设在格鲁吉亚第比利斯的车臣新闻社赶紧给国际媒体发了一份书面声明称："车臣的立场是，我们跟这起劫机事件没有任何关系，劫持人质和要挟不是我们战斗的方式。"

这一说法立即遭到了俄罗斯方面的反驳。实际上，自从1990年开始，劫持人质和运输工具已然成了车臣分裂分子企图分裂国家的主要手段，并且常常把起降土耳其的俄罗斯航班作为主要目标。

对于此次劫机者的要求，航空公司透露说："劫机者提出的条件之一就是结束车臣战争。"沙特麦地那机场官员证实劫机者除了要求结束车臣战斗以外，还要求立即让航班飞往阿富汗。

正在西伯利亚滑雪胜地度假的俄罗斯总统普京这次的反应十分迅速。他立即下令采取一系列措施：随时向其报告事态发展情况；成立一个由俄罗斯联邦安全局副局长牵头的危机反应小组；指示外交部门通过驻中东地区各使领馆确保人机安全；命令反劫机特种突击队进入随时准备行动的一级戒备状态；俄外长伊万诺夫奉命与沙特外长阿尔·法沙赫进行电话谈判，要求沙特政府在劫机事件解决后将飞机和劫持者交给俄罗斯。

沙特昨突袭俄航终获救

既然被劫持的飞机降落在麦地那穆罕默德·本·阿卜德尔·阿齐兹王子机场，那么沙特政府理所当然地担起了解决劫机事件的主要角色，并且迅速采取有效措施：首先机场方面指示飞机降落在机场一个相对偏僻的角落里，以利于采取行动，并且不会威胁到其他人员的安全；紧接着沙特安全部队团团包围了飞机，并派警方谈判专家与劫机者展开谈判，要求劫机者首先释放航班上的妇女和儿童。沙特民航局局长阿里·阿尔·哈拉夫对和平解决劫机事件充满信心："我们派一个谈判专家小组按严格的操作程序和劫机者进行周旋，并已经争取了不少人安全获释，看样子事态正朝着解决的方向发展。"

当地时间3月16日12时40分（北京时间3月16日17时40分）意外的事件发生了：驾驶舱里的飞行员们突然跳下飞机逃了出来，劫机者随后就中断了与谈判人员的联络。时间不等人，早就埋伏在预定位置的沙特特种部队一拥而上，立即向劫机者开火。枪声和惊叫声持续了数分钟，整个行动就告结束。随后，人们就看到特种部队从飞机上抬下一个受伤的人，裤子上的血迹清晰可见，飞机还冒着浓烟，但显然并没有出大问题。

麦地那机场一名官员率先宣布："特种部队的行动已经结束，人质已经获释。"一名参加突袭行动的特种部队队员告诉记者，这次行动中，沙特特种部队队员没有任何一人伤亡，劫机者中年龄最小的那个被当场打死，另外两人被逮捕，其中包括一名"具有非常丰富军事经验的军官"，这可能指的就是车臣前"内务部长"阿萨耶夫。此人曾两次逃过内讧暗杀，但于2000年初因被俄军打伤而下台，从那之后便不知去向，没想到现在居然出来劫机。俄罗斯驻沙特使馆官员认出了电视画面上的阿萨耶夫和他的儿子。

有许多目击者随后看到一名20来岁戴手铐的男子被特种部队拖出机舱，然后就见到惊魂未定的乘客在军人的搀扶下鱼贯走下飞机，登上四辆机场巴士离开了机场，前往麦地那旅馆。尾随而至的记者最想知道的当然是沙特特种部队发起突袭前的情况。一名泪流满面的女乘客拒绝搭理记者，但也有部分乘客围在旅馆的过道里悄声告诉记者当时的情形。一名俄罗斯女乘客说："三名劫机者对乘客还行，但期间时不时威胁要将飞机炸掉，我们全都非常害怕和担心。我现在已经非常疲惫了。"

美中不足的是，沙特特种部队的这次闪击行动造成了至少3人死亡，4人受伤。莫斯科官方证实说，死者中有一名劫机者、一名空姐和一名土耳其乘客。沙特内务部最终也出面证实说，在行动中死亡的包括一名劫机者和两名人质。

第六章　精神障碍劫持行为应对分析

学习目标

1. 了解精神障碍者的类型。
2. 熟悉精神分裂及精神抑郁者的特征。
3. 掌握精神障碍劫持行为的应对策略。

案例导读

精神障碍者劫机事件

案例一："4·15"国航航班备降郑州事件[①]

2018年4月15日上午10点左右，中国国际航空公司长沙飞北京的CA1350航班因非法干扰紧急备降在郑州新郑机场。据有关消息，机上一名男性乘客胁持乘务员，机组按处置程序备降新郑机场。该事件在当天13时17分成功处置，机上旅客及机组人员安全。

据悉，当时飞机上这名男性乘客突然发作，用钢笔挟持了乘务员，所以除了部分乘客听到了一声女性的尖叫外，机上其他乘客并没有发觉任何其他异常，而当时在飞机上的空乘人员也是通过口口相传的形式进行了报案，并没有在机上进行广播。劫持者姓徐，男，41岁，是湖南安化人，有精神病史，在劫机时很有可能是处于精神病发作期间，现已被郑州当地警方拘留。

案例二："11·14"川航客机扰序案[②]

2017年11月14日20时53分，湖南省公安厅机场公安局指挥中心接长沙黄花机场运控中心报警：四川航空3U8952次航班上疑似有人劫机，嫌疑人已被制服，飞机降落长沙黄花机场。随即，机场公安局组织警力赶至机位待命。14日21时16分，3U8952次航班降落后，民警与机组沟通协商后进入机舱将嫌疑人控制，带回调查，并组织其余旅客有序下机。待所有旅客离机后组织清舱，同时对过站旅客重新安检，清舱与安检均无异常。

据调查，该名旅客张某在航班飞行途中离开座位去机尾上厕所的过程中，突然指着驾驶舱方向喊："有人要害我，有的人带着刀，有的人带着枪，有人要劫机。"安全员听到后立即上前处置，反复与其沟通了解情况，但张某情绪激动，词不达意，难以沟

[①] 案例改编自 http://www.ccaonline.cn/news/top/407397.html。
[②] 案例改编自 http://www.chinanews.com/sh/2017/11-15/8376610.shtml。

通。随后，机组人员在旅客的协助下，将张某安抚于最后一排。经机场公安机关核查，张某无违法犯罪记录、无吸毒史；对其进行尿检，结果呈阴性，排除近期吸毒嫌疑。通过与张某家属联系，得知其今年曾因感情与工作原因造成精神波动，近期又因结石病入院治疗。

案例三：男子万米高空精神病发作，冲击国际航班①

2017年3月18日，埃塞俄比亚航空公司从亚的斯亚贝巴飞往北京的ET604航班上，一名乘客疯狂冲击驾驶舱门，在机组人员与相关旅客的共同协作下最终将其制服。

事发当天上午9点多，乘务员甄某正在商务舱，"当时应该是商务舱发完餐了，经济舱还没有发完餐"，有工作人员告诉她，经济舱一名中国籍乘客需要帮助。她找到这位乘客并询问对方是否身体不适，"他告诉我说他浑身无力，他说在埃塞俄比亚的时候有人要谋杀他，然后给他下过药，说他之前就浑身无力。他用很痛苦的方式跟我讲，当时我觉得可能事情没我想得那么简单"。随后，甄某询问这名乘客有无同伴，对方称"没有"。她前往商务舱倒了一杯牛奶给这名乘客，"等我回到经济舱前舱把牛奶端给他的时候，他说牛奶是有毒的，我当时很诧异"。"他逼着我喝那杯牛奶，一直拿着纸杯往我嘴里塞"。甄某说，这期间另外两个乘务员过来帮忙，劝这名乘客冷静下来。随后乘务长过来，用英文与这名乘客对话，"他（乘客）非常大声地讲，说我要毒他，还试着给我拍照。后来乘务长让我先去商务舱回避一下"。

工作人员一直在安抚这名乘客的情绪，"但是他根本就不听，他冲我大喊，后来直接从经济舱的前舱冲过来，冲到商务舱的厨房里，然后来跟我对质"。因为舱内乘客需要休息，工作人员尽量避免与这名乘客产生正面冲突。后来该名乘务员因为工作去了后舱，10点45分左右，当她从后舱回来的时候，"通过那个门看到几个人在商务舱打成一团，我看到了机长和另一位乘客的外套"。当时有很多商务舱的乘客过来帮助他们制服这名乘客，"至少有七八位乘客来帮助我们"，由于飞机上没有额外的绳子，他们用一种特殊的捆绑工具配合毛毯将这名乘客的手脚捆绑起来，脸部朝下按在地上。据悉，在制服过程中，该机机长左臂被这名乘客咬伤，流血较多，另外还有一位参与制服的乘客嘴角流血。这名乘客被制服后，一名自称其同事的乘客告诉另一名中国籍乘务员，该乘客存在精神问题，并因此被公司开除。

案例四：国航飞机发生非法干扰事件②

2004年7月26日上午9时35分，国航CA1343航班北京飞长沙航线上，一名男子声称要劫持飞机到韩国，否则泼硫酸。随后，乘务人员将"劫机者"制服，飞机备降在郑州新郑机场，随后劫机者被当地警方带走。

当天8时5分，在北京首都机场顺利通过安检的108名乘客被通知，他们准备搭乘的从北京飞往长沙的国航CA1343航班将比正常起飞时间延迟35分钟，这并没有让乘客们感到有什么意外。8时4分，可以乘坐128人的CA1343航班准时出现在机场，旅

---

① 案例改编自《男子万米高空精神病发作，冲击国际航班驾驶舱》（2017年3月22日《北青网》，作者张帆）。
② 案例改编自《国航一航班遭"劫持"回放：嫌疑人声称携带硫酸》（2004年7月27日《京华时报》，作者田乾峰、郭晓明、卢国）。

客们顺序登机，随即飞机飞离首都机场。然而，9时40分左右，首都机场地面塔台接到机组人员的紧急呼叫，飞机上一名男子欲劫持飞机飞往韩国。

"劫持"事件发生在9时35分，此时航班在正常飞往长沙途中，离郑州仅有15分钟的路程。

当时，乘客们都安静地坐在自己的座位上，12排F座的一名男子似乎坐立不安，来回在机舱内走动。这引起了斜对面14排C座乘客的注意，但处于半睡半醒状态的乘客并没有多想。

随后，这名男子尾随一名乘务员到飞机厨房，突然对乘务员低声威胁道："我有硫酸，要劫持飞机。"并且，要求将飞机开到韩国去。

这简单的几句话，引起乘务员的高度警惕，见到该男子手中什么也没有拿，乘务员立即报警，并将该男子控制起来。此刻，机上的乘客坐在各自的座位上，对突然降临的危险毫不知情。

"因为天气原因，飞机将在郑州新郑机场备降。"广播中的通知没有令飞机上的乘客觉出有什么异常。

"北京飞往长沙的CA1343航班上，有人声称要用硫酸劫机，飞机将在新郑机场备降。"就在北京机场接到报警的同时，新郑机场也接到了这样的报警。接到报警后，郑州方面立即启动反劫机预案。河南民航公安局随即组织20名民警组成处置小组，赶赴客机坪，并对机场控制区实行戒严，对进入客机坪的道路实行交通管制。

9时50分，飞机安全降落在新郑机场客机坪远机位。经对机内情况了解和分析，处置小组指派两名便衣民警登上飞机。

10时20分，劫机嫌疑人被抓获并押下飞机。机上所有乘客走下飞机，当地公安和武警人员对飞机进行安全检查。

12时20分，乘客的行李全部卸机，重新进行检查。

13时8分，两辆大巴车将被劫持飞机上的乘客送到机场，开始重新登机。

13时26分，被劫持飞机重新起飞，飞往长沙黄花机场。

根据警方调查显示，犯罪嫌疑人杨某，男，汉族，湖南省某大学图书管理员，有精神病史。在"劫机"风波之前，一直患有间歇性精神病。据相关知情人介绍，1999年杨某曾因精神病住院20多天。平时杨某很少与人交往，经常骂人，为人比较偏激，经常讲一些过激言论。据邻居介绍，春节期间杨某跟邵阳一女子结了婚，但他却说是父亲找人来监视他，婚后不久，其妻就到广东打工，很少回来。

第一节 精神障碍者犯罪概述

随着现代社会的快速发展，繁忙的生活和接踵而至的各种压力，让人们在快节奏的生活中不堪重负，人们的精神健康越发成为值得关注的问题，精神卫生问题已是全球性重大公共卫生问题和突出的社会问题。随着航空客运的普及，精神障碍者乘坐飞机而引发的矛盾和所实施的危害行为也越来越多，严重影响了社会公共安全和人们的日常生活。

【问题思考】
精神障碍、精神疾病、精神病是不是含义相同的概念？

一、精神障碍及相关概念

（一）精神障碍概念

精神障碍是指在各种因素（包括各种生物学因素、社会心理因素等）的共同作用下，造成大脑功能失调，而出现感知、思维、情感、行为、意志以及智力等精神运动方面的异常，是大脑机能活动发生紊乱，导致认知、情感、行为和意志等精神活动不同程度障碍的总称。然而，在日常用语中，人们经常用精神疾病来形容精神障碍，事实上精神疾病不完全等同于精神障碍，二者在外延上略有差别。精神疾病这一概念相对于精神障碍而言存在一定的狭隘性，精神疾病仅是一个生物学上的概念，外延较窄，不包括某些人格障碍；而精神障碍则是一个涵盖生物学属性和社会属性的概念，外延不仅涵盖通常视为精神疾病的精神障碍，还包含不被视为精神疾病的人格障碍等。目前，精神医学在其分类和命名系统中已经不大使用精神疾病这一术语和概念，而普遍采用精神障碍。主要理由是精神障碍不是单纯的生物学概念，也不具有狭隘的生物学含义。

精神障碍这一概念的外延极为丰富，以各种精神活动异常为表现特征。根据各种精神障碍的性质和对人的影响程度，可以大致将其分为重型和轻型两大类，重型精神障碍又称为精神病性精神障碍，轻型精神障碍又称为非精神病性精神障碍。根据2001年中华医学会通过的《中国精神疾病分类方案与诊断标准（第3版）》（CCMD-3），重型精神障碍包括器质性精神障碍、精神活性物质与其他成瘾物质所致精神障碍、精神分裂症、偏执性精神障碍、急性短暂性精神病、情感性精神障碍、应激障碍及精神发育迟滞；轻型精神障碍包括神经症、人格障碍、性功能障碍、性心理障碍。许多精神障碍患者有妄想、幻觉、错觉、情感障碍、哭笑无常、自言自语、行为怪异、意志减退现象，绝大多数病人缺乏自知力，不承认自己有病，不主动寻求医生的帮助。

（二）精神病

1. 精神医学上的精神病概念。在精神医学上有广义的精神病与狭义的精神病之分。人们曾用精神病这一概念泛指以各种精神活动异常为主要临床表现的疾病，即把各种精神活动障碍均统称为精神病，其概念外延范围等同于精神障碍，外延范围既包括精神分裂症、偏执性精神病等重型精神障碍，又包括神经官能症、人格障碍、性心理障碍等轻型精神障碍。当然，这样的认识普遍存在于在20世纪50年代前，当时人们对许多精神疾病本质的认识还较为肤浅，精神医学（当时称精神病学）的研究对象只是局限于少数较明显的精神失常，因此以精神病这一概念定义所有的精神障碍。

随着精神医学的发展和人们认识的不断深入以及广义精神病概念的弊端与缺陷的逐渐显现，精神医学对"精神病"一词的使用也日益严格起来，逐渐摒弃了诸如重性精神病、轻度精神病之类的表述。在现代医学中严格区分精神障碍、精神疾病与精神病，按其性质和程度将精神障碍归纳为三类疾病：第一类为精神病，包括器质性精神障碍、精神分裂症等重型精神障碍；第二类为神经症性障碍、人格障碍及其他非精神病性精神障碍；第三类为精神发育不全或智力发育迟滞。自此，精神病仅指称重型的精神障碍，指的是具有特定的病理基础、精神活动异常达到了相当严重程度并且持续一定时间的精神障碍。这种狭义的精神病相对于精神障碍已然从总类概念转化为属类概念。

2. 刑事法律领域中精神病的概念。纵观世界各国法律条文，各国立法中均未明确规定精神病的概念范围，均采用精神疾病、心神耗弱或心神丧失等词语笼统地规定精神病。英美法系刑法认为，对精神病的认定，不可以仅仅从医学角度出发，而应该在医学的基础上运用法律进行判断，任何导致丧失认知能力或控制能力的疾病，在法律上都可以认定为精神疾病。由此可见，英美法系刑法普遍采用精神障碍这一概念，即使采用精神病的概念也往往趋向于采用广义内涵，只是各国刑法相关概念内涵有些许差异。大陆法系刑法一般将精神病分为两类，一为心神丧失，一为精神耗弱，如日本刑法，也就是说大陆法系刑法领域对精神病采用广义概念，而非仅指称重型精神疾病。

我国目前虽然没有类似心神丧失与精神耗弱的区分，但是将精神病人的刑事责任能力分为无刑事责任能力和限制刑事责任能力，其中无刑事责任能力相当于大陆法系国家规定的心神丧失（指因精神方面的障碍而失去辨别事物黑白善恶的能力，以及由此产生的行为能力的状态），而限制刑事责任能力相当于精神耗弱（指因精神方面的障碍而导致辨认能力和制御控制能力明显减弱，但并没有完全丧失）。对于心神丧失之人即无刑事责任能力人，不予处罚；而对于精神耗弱即限制刑事责任能力人，应当减轻处罚。

二、精神障碍者犯罪特点

所谓精神障碍者犯罪，是犯罪学意义上的犯罪行为，是指精神障碍者因自身精神障碍支配或影响而实施的危害社会行为。其范围包括无刑事责任能力的精神障碍者实施的犯罪学意义上的犯罪行为及限制刑事责任能力的精神障碍者实施的刑法意义上的犯罪行为，而不包括精神障碍者在精神正常的情况下实施的犯罪，也就是说既不包括精神正常情况下实施犯罪行为而在受审阶段或服刑阶段罹患精神障碍的犯罪者实施的犯罪，也不包括间歇性精神障碍者在精神正常阶段实施的犯罪。

了解精神障碍者犯罪特点，对于危情沟通人员来说具有重要的价值和意义。事实上，精神障碍者犯罪相对于精神正常的人犯罪，在很多方面存在特点，这些特点有些比较突出，可以通过观察发现，有些特点则比较隐晦，难以觉察，因此现实中极有可能混淆精神障碍者犯罪与精神正常者犯罪。虽然精神障碍多种多样，不同类型精神障碍者实施劫持犯罪也各有特点，但其共同特点主要有以下几个方面：

（一）犯罪动机不明或异常

一般情况下，精神正常者无论做任何事情都是受某种动机的驱动或支配，因此精神正常者犯罪往往具有明确的犯罪动机。然而，许多精神障碍者犯罪往往没有犯罪动机或犯罪动机不明或犯罪动机异常。在严重意识障碍或精神错乱的状态下实施犯罪往往没有动机或无法查明其动机，行为人在实施犯罪行为的过程中往往不能意识到自己的所作所为，实施行为后往往遗忘自己的行为或无法解释自己的行为。患有知觉障碍或思维障碍的精神障碍者由于病理原因产生的幻觉、妄想、逻辑倒错而犯罪，这种犯罪往往存在明确的犯罪动机，但是由于缺乏现实基础而不能为正常人所理解，系属病理动机驱动其实施犯罪。有些精神障碍犯罪者，特别是精神发育迟滞的犯罪人群，他们的犯罪动机有可能是现实性的，但是多多少少显得荒谬、可笑。当然，所有事情不是绝对的，精神障碍者犯罪人群中也存在具有与精神正常犯罪者相仿的现实犯罪动机的情形，因此在区分精神正常者犯罪与精神障碍者犯罪时，关键往往不在于犯罪动机，而在于行为人对行为的控制和对行为方式的使用等方面。

（二）犯罪行为与正常犯罪者有显著差别

精神障碍这一病理原因不仅可以影响甚至决定精神障碍犯罪者的犯罪动机，而且可能影响其犯罪对象、犯罪行为手段、犯罪场合与犯罪时机的选择。正是由于这一原因，很多精神障碍者的犯罪行为往往存在冲动性、单独性、公开性的特征。

精神障碍者犯罪由于精神障碍导致自身控制能力丧失或下降而令其行为具有强烈的冲动性，具体表现为实施犯罪不分场合，实施犯罪不择手段、不计后果，有些甚至对犯罪对象不加选择。然而，精神正常的犯罪者在进行犯罪时往往存在预谋，会根据选定的犯罪对象选择在恰当的时机、恰当的场合实施犯罪行为；实施犯罪前往往会准备犯罪工具、揣度犯罪手段方式等。精神障碍者犯罪的场合往往是其精神障碍发作场合或者产生犯罪动机或者偶然发现犯罪对象的场合，而不是事先选择的场合。其往往由于精神障碍而没有能力选择或者无心选择犯罪手段，因此犯罪方式多呈现暴力性特点。精神障碍者在犯罪过程中不会考虑犯罪的社会危害性，对危害后果认识不足或无心考虑，因此往往犯罪后果严重。当然，任何事情都不是绝对的，有些精神障碍者如妄想型精神障碍、抑郁症患者、人格障碍者等在犯罪时可能比较冷静，对于犯罪场合、犯罪对象和犯罪手段有一定的选择。

精神障碍者大多是单独进行犯罪的，这是由于精神障碍者的犯罪往往是自身精神障碍所致，不是产生于与他人的合谋。精神障碍者犯罪所具有的冲动性特点，决定了精神障碍者比精神正常者更容易不分场合，在公开场合实施犯罪，并且在犯罪中往往使用容易暴露的手段。这是因为精神障碍者由于精神病理原因不懂得或者不注意或者不清楚甚至没有能力认识到应当如何保护自己，从而在实施犯罪行为时缺乏隐秘性，形同公开。

（三）犯罪集中于暴力型

暴力犯罪是精神障碍者最常见的犯罪方式，精神障碍者犯罪中有30%属于暴力型犯罪，这个比例明显高于精神正常者犯罪人群中暴力型犯罪的比重。这是因为精神障碍者由于不能适应或不能很好地适应社会，往往以敏感、戒备的态度面对社会；加上社会环境的压力、经济生活的窘迫、人际交往方面的冷遇，往往激化他们的心理压抑，导致他们在妄想、幻觉中感受到实际不存在的危害或者对现实存在的危害予以扩大化估计，从而采取简单粗暴的手段进行防卫反击。

（四）犯罪后表现异常

精神障碍者犯罪后在与犯罪相关的问题上的表现，具体来说，指的是精神障碍者在实施犯罪行为后，自我保护方面的表现以及对于犯罪行为的认识。大多数精神正常的犯罪者在实施犯罪行为后，为逃避刑事法律责任，都会有意识地采取一些自我保护措施，诸如清除现场痕迹、伪造犯罪现场、迅速逃离现场等。但是，精神障碍犯罪者往往缺乏自我保护能力，或者由于病理原因自我保护的意识缺失或无法考虑自我保护，因而在实施犯罪后的往往不进行自我保护或不能够采取比较有效的自我保护措施。精神障碍犯罪者由于病理原因，对于犯罪行为缺乏正确的认识，因此在犯罪后产生的认识与精神正常犯罪者也有所差异。犯罪后的认识表现分为不知所为型、认罪服法型、无动于衷型、固执己见型、屡教不改型、顽固不化型等。

三、精神障碍者犯罪原因分析

犯罪人的犯罪行为是由其生物属性和社会属性共同作用形成的，当然精神障碍者犯罪也不例外。一般情况下，犯罪成因中社会属性起主要作用，在精神障碍者犯罪中生物属性也可能起决定性作用，也就是说精神障碍可能成为精神障碍者犯罪的主要原因。当然，这并不是说精神障碍者犯罪都是以精神障碍作为犯罪的唯一或主要的原因。实践中，有些精神障碍者犯罪除去精神障碍的原因很难发现其他诱发犯罪的因素，有些则除了精神障碍作为犯罪主要原因外还包括其他原因，还有些则以其他原因作为犯罪的主要原因。因此，导致精神障碍者犯罪的原因分为精神障碍方面的原因即病理原因和其他方面的原因即社会现实原因。

（一）病理原因分析

精神障碍者犯罪的病理原因隐藏于精神障碍症状即精神障碍病理现象之中，只有通过分析精神病理现象对精神障碍者的影响，才有可能探寻到精神障碍者犯罪的病理原因。精神病理现象对精神障碍者行为的影响，主要通过破坏精神障碍者辨认和控制自己行为的能力来实现。精神病理现象主要呈现为知觉障碍、思维障碍、注意及记忆障碍、情感障碍、意志运动障碍、意识障碍、智力障碍、欲望障碍、性格障碍等，这些障碍或单独或共同作用，不同程度地削弱行为人的辨认和控制能力。

精神障碍者由于存在某种精神障碍，导致其不能正确认识周围环境和自我，难以对外界的刺激做出符合实际情况的判断和适当的反应，缺乏是非、善恶、美丑观念，或者不能分辨是非、善恶、美丑，不能辨别自己欲望的性质以及通过什么方式实现自己的欲望。在此基础上，他们实施的行为难免与环境不相适应，甚至与整个社会或他人利益相冲突。还有一些精神障碍者虽然能够认清周围环境，对自我也有正确认识，并且能够认识到自己的行为、欲望不合理、不正常，但是难以抑制自己的欲望、不能控制自己的行为，如此一来便鬼使神差地成为犯罪人。

（二）社会原因分析

虽然精神障碍者由于精神障碍而致其辨认能力和控制能力不同程度地削弱甚至丧失，但是并不是所有的精神障碍者都会实施违法犯罪的行为。精神障碍者虽然不能像精神正常者一样接触或者感受社会，但是不能忽视外界环境对精神障碍者造成的影响。因此，对于精神正常者犯罪产生影响的各种因素都可能对精神障碍者起作用，甚至产生的影响更甚于精神正常者。根据精神障碍者犯罪的实际情况，将可能导致精神障碍者犯罪的社会现实原因分为社会环境因素、文化程度因素、经济条件因素、人际关系因素。

1. 社会环境因素。社会环境因素包括宏观的社会环境和微观的社会环境中存在的诸多消极因素，如剥削阶级的腐朽思想、传统的以及外来的低级文化、不良的社会风气、传播媒介的误导、他人的落后言行等,这些都可以与精神障碍者犯罪产生密切联系。由于精神障碍者认知能力和辨认能力存在一定的缺陷,社会环境中存在的这些消极因素更容易对其造成潜移默化的影响,使之形成不正确的人生观、价值观,从而导致他们的思想沦为滋生犯罪的温床。这些社会环境中的消极因素不仅极易导致精神障碍者形成犯罪意识,还会在一定程度上为精神障碍者实施犯罪创造条件、提供机会。

2. 文化程度因素。调查报告显示,精神障碍者犯罪人群中存在一个显著特点:文化程度较低。这说明精神障碍者犯罪与其文化程度存在密切联系,并且这种联系并非偶然现象。精神障碍者由于经济条件或者自身存在精神障碍等原因学习机会少,或者天生智力低下,因此导致精神障碍者文化程度普遍较低。正是由于这种原因,精神障碍者辨别是非、善恶、美丑的能力不能得到正常发展,相对于文化程度高的人更加容易为社会中消极因素影响。并且,由于文化程度低,精神障碍者精神生活普遍匮乏,趣味不高,喜好感官刺激和物质利益,因此文化程度因素成为导致精神障碍者犯罪的一个重要因素。

3. 经济条件因素。由于精神障碍者存在精神障碍,其工作能力往往较低。并且,社会上的用人单位往往歧视精神障碍者,导致他们的工作机会有限。因此,他们往往没有正当职业,没有正常稳定的收入或者收入微薄,其经济生活缺乏最基本的保障,精神障碍者极可能会因生活所迫而犯罪,有些还会因此产生逆反心理和反社会意识进而做出危害社会的行为。

4. 人际关系因素。一方面,由于精神障碍者经济生活无保障,社会地位普遍不高,在社会交往中往往得不到应有的尊重。甚至在人际交往中,精神障碍者特别是智力发育迟缓的精神障碍者被周围人群排斥、歧视,甚至欺辱。长时间被排斥、欺辱容易导致精神障碍者长期精神压抑,容易激化矛盾,引发暴力犯罪事件。另一方面,由于精神障碍者认识、辨认能力存在缺陷,极容易结交社会上的无业人员、危险分子,在人际交往中受到他们的影响,产生犯罪意识等。

第二节 精神分裂与劫机犯罪策略分析

在劫机案例中,精神障碍患者比例并不低。在诸多的精神疾病中,和劫机犯罪有关的主要是精神分裂型和精神抑郁型两类行为人。

一、精神分裂的含义及主要症状

精神分裂症是精神病中最复杂、最严重的一种。根据美国精神医学会的认定标准,精神分裂症是一种精神科疾病,是一种持续、慢性的重大精神疾病,是精神病里最严重的一种,是一种以思维、知觉、情感严重失调,以及举止异常和社会性退缩为标志的精神病。精神分裂多于青壮年发病,常缓慢起病,通常患者意识清晰,智能尚好,有的患者在疾病过程中可出现认知功能损害,自然病程多迁延,呈反复加重或恶化的情况,但部分病人可保持疾愈或基本疾愈状态。

精神分裂有五种主要症状:妄想、幻觉、言语混乱、行为无序或紧张以及消极性症状。其中，消极性症状是指诸如言语和目的指向性行为的衰退或缺失。如果个体出现了两个或两个以上的症状且持续了一个月以上，症状明显干扰个体活动达六个月以上，则可诊断为精神分裂症。

（一）妄想

没有根据地坚定持有某种信念，可能会出现在大量不同的心理状态中，即使他人指出其所持的信念是没有任何事实依据的，但大多数患者似乎并不能认识到。即使面对和信念相矛盾的证据，也不会放弃他们的妄想。大多数的妄想有以下几种类型：

1. 被害妄想。坚信有人在监视、威胁或以其他方式迫害自己，特别是觉得他人采取的是密谋的方式。迫害的方式多种多样，被跟踪、被诽谤、被隔离、被下毒等。

2. 控制妄想。控制妄想也被称为影响妄想，坚信自己的思维、情感、行为受到他人、外力或可能是外星人的控制，这种控制经常是通过大脑直接接受电子仪器发出的信号来实现的，可以是无线电、光波、某种射线等。患者体验有强烈的被动性和不自主性，此为精神分裂症的特征性症状。

3. 关系妄想。坚信他人的举动都是针对自己的，事实上这些举动与其毫无关系，如旁人之间的谈话认为是在议论他，别人吐痰是在针对他。

4. 夸大妄想。坚信自己有非凡的才能、至高无上的权利、大量的财富等。这种妄想可能会把自己定型为一个固定不变的妄想人物，如认为自己是耶稣。

5. 疑病妄想。毫无根据地坚信自己患了某种严重的躯体疾病或可怕的生理疾病。这种妄想区别于疑病症，它所害怕的对象不同，患者的害怕是针对一种奇怪的痛苦感而非疾病本身，如声称细菌布满了大脑或大脑被一部分一部分地感染。

6. 罪恶妄想。坚信自己犯下了"不可饶恕的罪行"，或者自己使他人遭受到了极大伤害。

7. 嫉妒妄想。坚信自己的配偶对自己不忠，与其他异性有不正当关系。跟踪、监视配偶，拆阅别人写给配偶的信件，检查配偶的衣物等。

8. 钟情妄想。坚信自己受到某一异性或许多异性的爱慕，当遭到对方拒绝时认为这是在考验他，仍反复纠缠不休。

9. 被洞悉感。患者称内心被洞悉或思维被揭露，并坚信自己的思想未经过言语或其他方式表达出来就被别人知道了，甚至尽人皆知，闹得满城风雨。

（二）幻觉

精神分裂症的另一个主要症状——幻觉：

1. 幻听。幻听是指没有听觉刺激时可出现听觉现象的体验，持续的言语性幻听通常是精神分裂症的表现。

2. 幻视。幻视是指没有视觉刺激时出现视觉现象的体验。幻视多种多样，如简单的光、单一的颜色、单个物体、复杂的情景性场面，可能鲜明生动。

3. 幻嗅。能闻到一些难闻的、令人不愉快的气味。

4. 幻味。品尝到食物内有某种异常的特殊刺激性味道，因而拒食。

5. 幻触。感到皮肤有某种异常的感觉，如虫爬感、蚁走感、针刺感、液体流动感。

6. 内脏幻觉。患者体验到躯体内部某一部位或某一脏器有异常知觉体验，如感到肺扇动、肝破裂、肠扭转，能准确定位，常与疑病妄想、被害妄想同时出现。

此外，患者还伴有思考联想障碍、情感障碍、自闭现象等原发性症状，以及错觉、自我丧失感、木僵或动作麻木不仁等继发性症状。

二、精神分裂的类型

（一）紊乱型精神分裂

该类型最符合人们对精神病患者的刻板印象，患者通常具有三种典型特征：一是言语支离破碎；二是情感障碍，有些患者情感淡漠，还有一些举动愚钝；三是行为举止混乱或缺少目标定向。他们的行为非常奇怪，可能会出现幻觉和妄想，常常沉溺于他们自己的世界，有时对发生在他们周围的事几乎无动于衷。

（二）紧张型精神分裂

该类型具有明显的特征，就是运动行为具有显著的障碍，有时这种障碍以紧张性木僵的形式出现，或者表现出完全不动，通常伴有不说话的症状，患者可能在数周内都持续这样的状态，但不只局限于运动性活动减少，很多患者会在不动和活跃之间转换，当其处于兴奋活跃期时很可能会伤害自己或他人。

（三）偏执型精神分裂

该类型最为常见，其特征是相对持续的妄想和（或）幻觉，妄想的范围从一大堆混乱的、模糊的怀疑到想象出来的一套设计精密的阴谋，同时还伴有幻觉，尤其是幻听。

三、精神分裂与劫机犯罪

因为精神分裂者具有妄想、幻觉症状，呈现知觉、情感障碍等特征，所以精神分裂症患者实施犯罪行为的比例相对较高。我国台湾学者张甘妹根据犯罪学的观点，将精神分裂症的犯罪行为区分为主动机会性犯罪和被动习惯化两类，其中主动机会性犯罪和劫机犯罪有密切联系。此类型的分裂症，初期患者的精神内部失去协调而呈现分裂症状。然而，其情感意志等还相对活泼，其人格也未发生显著变化，与周围人也还有相当程度的接触，故在此时期，一旦被妄想、幻想所驱使，或因突发冲动而突然动机不明。此类人在劫机犯罪中较多，尤其是犯罪人出现被害妄想和幻听症状时，往往认为自己担负某种使命，从而给自己的行为披上合理化外衣。

患有精神分裂的人内心有着较强的恐惧感，在实施劫持行为时其思维与现实相分离。其主要表现有：思维紊乱，往往不顾眼前的客观事实而一味地认为自己受到了别人的迫害，或者坚信自己具有超人的非凡才能，在劫持现场经常是没思维逻辑并且以跳跃式的思维方式呈现；感觉错乱，幻觉意识强，在没有外来刺激的情况下毫无根据地产生错误感觉，如幻听、幻视、幻嗅等五官感觉错误；情绪和行为异常，在他人悲伤的场合下能开怀大笑，或者当别人笑的时候突然大哭，无端大怒，表情痴呆，反应迟钝，做出强迫的、不觉疲倦的或痛苦的举动，如手舞足蹈、扭曲四肢、撕扯头发等。

四、案例分析

（一）精神分裂劫机犯罪行为者心理与行为分析

如前所述，精神分裂症的精神症状十分复杂多样，涉及心理活动异常的面很广。通过本章案例导读的相关描述，可以看出犯罪嫌疑人的病态表现为：精神活动与现实环境相脱离，认识、情感、意志行为互不协调、相互分裂，思维破裂、联想异常、逻辑倒错、出现各种妄想等。

在杨某劫机案中，相关人员对其描述也符合精神分裂日常行为特征表现，如与世隔绝、自我孤立、断绝同他人的交往；行为无目的性；易怒，好争吵，诡辩；对别人的行为动机无端猜疑，怀疑他人对自己不忠等。

(二) 应对策略

由于精神分裂行为人的情绪很容易波动，而且会出现妄想和幻觉等症状，因此在与其沟通过程中，要谨慎平和，不可操之过急。与精神分裂行为人对峙时需采取的具体策略如下：

1. 一定要避免与对方争吵和辩论。
2. 不要试图向对方证明其幻觉和妄想是错误的。
3. 对方希望向你讲述他的想法（可能是荒诞的），而这些想法可以用来与其建立相互信任的关系，因而要注意倾听。
4. 努力建立相互信任关系。
5. 向对方表达理解，不能威胁恫吓对方。
6. 语言必须要清晰、准确，不要做出任何突然的举动。
7. 向对方提供保护和医疗，帮助对方减少孤独感和孤立感。
8. 打消对方的恐惧，使其消除疑虑。
9. 注意同对方保持足够的身体距离。
10. 积极听取精神病专家、心理医生的建议和意见。
11. 不要让对方家庭成员或其他调解人员做中间人。

第三节 精神抑郁者劫持行为心理分析及应对策略

许多人偶尔会出现沮丧情绪，这时整个生活似乎是灰色的，似乎什么都不值得去做，有时又会变得非常积极并且认为自己可以完成任何事情。温和的、暂时的情绪抑郁或狂躁通常是我们生活的一部分，但是如果这种情绪持续的时间过长且非常极端，以致严重影响或扰乱个人生活时，一般会把这种状况称为情感障碍，属于精神障碍的一类。

一、抑郁发作及其特征

抑郁发作以心境低落为主，与其处境不相称，可以从闷闷不乐到悲痛欲绝，甚至发生木僵。严重者可以出现幻觉、妄想等精神病性症状。抑郁的开始通常都是渐进式的，在酝酿了几周或几个月后才出现。发作期一般都要持续几个月，然后又像开始时那样慢慢消失。进入抑郁发作期的人生活大多数领域都会出现很大的变化，不仅仅是情绪，还包括动机、思维以及身体和运动技能，抑郁发作的特征如下：

(一) 核心症状：主要包括情绪低落、兴趣缺乏及乐趣丧失

1. 情绪低落。常常表现为心情不好，高兴不起来；感到自己无用；无助或绝望，

认为生活毫无价值；感到自己的疾病无法好转，对治疗和康复失去信心；对前途感到绝望，认为自己给别人带来的只有麻烦，连累了家人，甚至厌世、不愿活下去，产生自杀观念。最危险的病理意向是自杀企图和行为，一旦有自杀决心，通常比非抑郁发作者更坚决，行为更隐蔽，成功率更高。

2. 快感丧失，也称为愉悦感丧失。无法从家庭、工作或生活中体验到乐趣，甚至对愉快刺激的情绪反应也减少了，这种愉快感的丧失也叫做"缺乐症"，一般来说它的影响非常广泛。

3. 兴趣缺乏。对以前喜欢做的各种事情或业余爱好及文体活动诸如下棋、打牌、读书、看电视、听音乐等均缺乏兴趣，它们变得不值得去做，或不愿见人，不愿讲话，对任何事物不论好坏都缺乏兴趣。

上述三个核心症状相互联系、互为因果，可以在一个发作者身上同时出现，也可以只表现其中的一种或两种症状。

（二）心理症状：主要包括焦虑、自罪自责、妄想或幻觉等七个方面

1. 焦虑。往往与抑郁同时存在，有时成为抑郁的主要表现之一。发作者在焦虑时常会伴发躯体症状，如心悸、胸闷、汗多、尿频等。

2. 自罪自责。自我评价过低，无用感受强烈，常无端内疚，认为自己给家人或亲人带来了负担，对不起父母、子女或亲朋，甚至对过去的错误或过失痛悔不已，常把"这都是我的错"挂在嘴边，妄加责备，严重时会达到妄想的程度。

3. 妄想或幻觉。一种是与心境相和谐的妄想，即妄想的内容与抑郁状态相称，如对于疾病无法恢复的妄想、罪恶妄想、灾难妄想、无价值妄想或常听到一些谴责自己和嘲弄自己的幻听幻觉等；另一种是与心境不和谐的妄想，即妄想的内容与抑郁状态不相称，如被害妄想、被折磨妄想、无任何情感成分的幻听等。但所有这类妄想均不具备精神分裂症妄想的特征，如荒谬性、怪诞性、原发性等。

4. 认知症状。抑郁所伴发的认知症状往往是可逆性的，如记忆力的下降、注意力的分散等。有些可出现认知扭曲，如把周围的一切都看成是灰色的，对任何事物都作出悲观失望的解释等。

5. 自杀观念和行为。发作者常常会出现厌世情绪，自伤行为，有自杀念头。轻者觉得活着没意思，经常想到与死有关的事情；重者会主动寻找自杀的方法并付诸实践，甚至有发作者在杀死数人后再自杀，从而酿成极为严重的后果。

6. 自知力。抑郁发作者的自知力受其意识障碍程度的影响很大，意识障碍严重的发作者自知力亦完全丧失。

7. 精神运动性迟滞或激越。精神运动性迟滞的发作者常表现为思维缓慢、大脑反应迟钝、记忆力和注意力下降。他们似乎因为疲乏而没有了活力，行动迟缓、做事慢；身体蜷曲，运动缓慢且小心翼翼，手势少的不能再少了，说话缓慢且犹豫不决，回答问题前会有很长时间的停顿。重者还可能会陷入沉默恍惚的状态，甚至可达到木僵的程度。精神运动性激越的发作者则表现为思维跳跃混乱，大脑处于紧张状态，但其思维毫无条理、毫无目的；行动上也表现为紧张不安、烦躁激越，甚至动作失控，如不停地写字、行走或发牢骚。

(三) 躯体症状：主要包括睡眠障碍、精力丧失、食欲紊乱等六个方面

1. 睡眠障碍。如失眠、早醒或睡眠过多，是抑郁极为常见的特征。常入睡困难，夜间多梦或早醒，而且醒后无法再入睡，睡眠感丧失等，这是最常见的症状，尤以早醒最具特征性。但也有部分发作者恰恰相反，表现为睡眠增多，会每天睡 15 小时，甚至更多。

2. 精力丧失。表现为懒惰、疲乏，整日无精打采，不愿讲话，不愿见人，常与精神运动性迟滞相伴随。

3. 食欲紊乱。常表现为食量减少，没有食欲，长久持续后则体重减轻，甚至营养不良；部分患者可表现为食欲亢进和体重增加。无论体重减少还是增加，每一次抑郁发作都会出现同样的变化。

4. 晨重夜轻。常表现为在清晨醒后即开始为这一天担忧，不知该怎样度过，因而忧心忡忡、心情郁闷，至午后或傍晚才有所减轻。但也有少数发作者的表现与之相反。

5. 性功能减退。可从性欲减退到完全丧失，或勉强有性行为而无法从中体验到乐趣。

6. 非特异性躯体症状。会诉说各种症状，如头痛头昏、肢体疼痛、周身不适、心慌气短、恶心嗳气、尿频多汗等，常被诊断为各种自主神经功能紊乱等。

二、抑郁发作影响因素

抑郁发作是多种因素相互作用、相互影响的结果，归纳起来主要有以下几方面：

(一) 心理因素

近年来，社会环境及心理因素在抑郁发作中的作用越来越受到重视。

1. 负性生活事件。各种重大生活事件突然发生或长期持续存在，引起不愉快的情感体验，这种情感体验越强烈、越持久，其导致抑郁发作的可能性也越大。一些研究显示，负性生活事件发生在 6 个月内，抑郁发作的危险系数增加 6 倍。负性生活事件越多，性质越严重，抑郁发作率越高，症状也越严重，而且负性生活事件也会增加其复发率。丧偶、离婚、失业、重大疾患等，都可能会导致抑郁发作。

2. 社会支持系统缺乏。社会支持系统是指在个体遭遇负性生活事件后，能够向其提供物质和精神帮助的人群，如亲人、朋友、邻居等。如果个体遭遇负性生活事件后缺乏一定的社会支持，则很容易产生抑郁情绪。

3. 童年经历。有研究发现，幼儿期的经历对成年人抑郁发作的产生有重要影响。这些经历包括：幼年期双亲丧失（包括亡故和遗弃等），尤其是在学龄前；儿童期缺乏双亲关爱，如父母关系不融洽、父母两地分居、寄养或全托；儿童期受到虐待；儿童期生活环境长期处于相对封闭的状态，过于严厉的父母，失去朋友或不能与人保持正常关系、进行正常交流。

4. 认知模式。认知心理学家贝克指出，抑郁发作者的认知模式具有两个层次，浅层的负性自动想法和深层的功能性假设或者图式。负性自动想法是指遇到生活事件时，自动、不经逻辑推理突然显现于脑中的一些自我否定、消极的想法，常伴随不良的情

绪，它看似真实，蕴含认知曲解，而个体却信以为真，难以认识到这正是痛苦的主要原因。

负性自动想法存在于意识边缘，是可以被感知到的浅层想法，它是由潜在功能失调性假设或图式派生出来的。个体从童年期就开始借助生活经验建立认知结构，用于指导对新信息或事物的感知和对旧信息或事物的回忆，并借助图式进行判断和推理、支配和评估行为。如果在图式形成过程中因各种原因蒙受了心理创伤，就会导致自我否定、消极功能失调性假设的形成。功能失调性假设是存在于人的潜意识中的，不被人感知，以负性自动想法的形式表现出来，支配人们的日常行为、处理事情的方式和对外界、对自身的看法。各种心理创伤的影响，形成了否定消极的认知模式。

5. 人格特质。人格，是个体所具有的与他人相区别的独特而稳定的思维方式和行为风格。抑郁发作的产生常有一定的人格特质：敏感、多疑、情绪不稳、好强、悲观、自信心低、有不良的思维模式、过分烦恼，或者感觉几乎无法控制生活事件的人较容易抑郁发作。

（二）生理因素

1. 遗传因素。与许多其他疾病一样，抑郁症往往在家族中集中出现。若父母中有一人患抑郁症，则孩子患该病的机会增加10%~13%；在完全相同的孪生子女中，这个数值还要大。如果孪生子女中有一人患抑郁症，那么另一个人在一生中患抑郁症的可能性是70%。大样本人群遗传流行病学调查显示，血缘关系愈近，患病概率越高。

2. 生化因素。一个人患有抑郁症时，大脑中往往有某些被称为神经递质的化学物质减少。研究者认为，如果5-羟色胺和去甲肾上腺素这两种神经递质之间不平衡，就可以导致抑郁症或焦虑症。5-羟色胺和去甲肾上腺素减少常常导致情绪低落、动力下降以及食欲和性欲改变。

3. 躯体疾病。许多躯体疾病和症状，如中风、心脏病发作、癌症、慢性疼痛、糖尿病、激素紊乱和晚期疾病，往往可以导致抑郁发作。

（三）季节性因素

有研究表明，情感性精神障碍很多的生理功能指标如体温、睡眠、皮质醇等内分泌有生物昼夜节律变化，且受到季节性因素的影响。有研究者通过大量的案例研究发现，秋冬季发病率高于其他季节。

三、案例分析

2018年8月10日，当地时间晚上约20时，美国西雅图塔科马机场发生了一起劫机事件：一名机场机械工劫持了一架客机，并在未得到空管许可的情况下起飞。所幸飞机上没人。据警方报告，劫机男子名叫理查德·罗素，今年29岁，已婚。2015年他从阿拉斯加搬至西雅图，随后进入航空公司工作，负责机场地勤。他没有飞机驾驶执照，也不会开飞机！在此之前，他最多就玩过模拟飞行游戏！他为什么要偷飞机？为什么他连飞机都不会开就用生命做赌注贸然起飞？媒体曝光了他坠机前和塔台空管的对话录音，可能提供了一些线索。

（一）坠机前对话录音①

理查德：这可能要一辈子蹲监狱了吧？对我这样的人来说，倒是但愿如此。

空管：哎，我们现在不想这个，先不担心这事。你能向左转吗？

理查德：我知道很多人都关心我。他们听说我做了这样的事会很失望的吧？我要向他们每一个人道歉。我不过就是个想寻短见的疯子，脑子有毛病，我想是这样。以前一直不知道，现在才明白。

空管：他现在在四处飞，需要有人帮忙控制飞机。

理查德：我不需要帮忙，我之前玩过模拟游戏，我只想知道如何增压或者怎么才能不头晕。

理查德：我不想伤害任何人，我只是想你给我说些好听点的。你说我成功降落的话，阿拉斯加（航空）会不会给我一份飞行员的工作？

空管：你能成功降落的话，他们什么工作都会给你。

理查德：你跟基地的人说了吗？我不知道该不该听你的。

空管：我已经跟他们说了。我们希望你不要受伤，不要让其他人受伤。所以你如果想试试降落的话，就试试这个办法。

理查德：我想去那个鲸的位置，就是那个不愿意离开死去的鲸鱼宝宝的那个，我想看看。

理查德：我想知道奥林匹斯山的天气怎么样？

空管：如果你能去的话，你会发现那里天气很好。很美。

比尔机长：现在，请把飞机安全地降落在陆地上，尽量不要对地面上的人员造成伤害。

理查德：我不知道怎样降落，我也没有打算真的降落（I wasn't really planning on landing it）。

他说，他是人生的失败者，让很多人失望。他曾经有着飞行梦想，到死都想谋求一份飞行员的工作。但是最后一刻，他放弃了，他只想去看看那条不愿意离开死去的鲸鱼宝宝的鲸鱼妈妈，想去看看奥林匹斯山的天气。

或许怀才不遇的痛苦对他来说已经超过坐牢的绝望，或许天天看着飞行员们冲上云霄而自己只能困在地面的落寞让他挣扎反击，疯狂起飞。于是，他在毫无驾驶技巧的情况下，完成了一个空中筋斗的超高难度特技动作，最后疯狂了一把……

（二）应对策略

根据前面关于抑郁发作的特征及产生因素以及本案例的阐述，一般来说，精神抑郁行为人对外界的危害性并不大，其危害很可能是指向自身的，即产生自杀的想法和行为。因而，处置精神抑郁行为人可以采取现场咨询引导的策略。具体来说，在沟通过程中，可视情况而采取下列一些有效的方法和策略：

1. 充分利用积极聆听术耐心地分析对方的倾诉。
2. 利用换位思考和移情技巧与对方建立情感融通的沟通关系。

---

① 参见 http://www.sohu.com/a/247105519_114813。

3. 与对方讨论现实问题（目前的问题和这里发生的问题）。
4. 询问对方是否有自杀念头。
5. 询问对方近期是否服用过药物。
6. 帮助对方正视现实。
7. 发现和利用对方的矛盾心理，帮助对方找到希望，增大对方的选择余地。

同步练习

1. 简述精神障碍的类型。
2. 精神分裂患者的行为特点有哪些？
3. 精神抑郁的特征及影响因素有哪些？
4. 概述精神障碍劫持行为沟通策略。
5. 利用相关案例，模拟精神障碍劫持行为沟通过程。

拓展阅读

德国之翼空难"最后8分钟"内情揭秘[①]

2015年3月29日，针对德国之翼空难的调查仍在继续，更多细节浮出水面。调查显示，涉嫌蓄意制造空难的客机副驾驶安德里亚斯·卢比茨家中有治疗心理疾病的药物，其本人或有眼疾。媒体披露了坠机前黑匣子的录音，揭秘了当时的内情，机长被锁在门外后曾试图斧劈舱门闯入。

副驾驶疑患抑郁症及眼疾

27日，参与搜索调查的德国检方人员公布重磅消息：有证据显示，客机副驾驶卢比茨在客机失事当天本应请病假，但他可能刻意向他的上司隐瞒了病情，照常执飞。德国媒体28日披露，德国调查人员在搜查德国西部杜塞道夫市卢比茨住宅时，发现并查扣了若干"治疗心理疾病的药物"。

报道引述高层调查人员的话说："现年27岁的卢比茨接受过若干神经学和心理学专家的治疗。"报道称，没有证据可证明，卢比茨有毒瘾或酒瘾；但他的压力过大，有严重的忧郁心理。不过法国和德国调查人员在记者访问时，都不愿证实或否认此报道。此外，《纽约时报》报道引述两名知情官员的话说，卢比茨曾寻求治疗视力问题，而这种视力问题可能对其驾机能力构成影响。报道称，尚不清楚卢比茨眼睛的问题有多严重，也不清楚眼疾与他的心理问题是否存在关联。了解调查情况的人透露，官方目前还未排除因视力问题而产生心理影响的可能性。

德国一家医院证实，卢比茨最近曾在该医院就诊，但否认有关他接受抑郁症治疗的报道。检控官还表示，没有证据显示卢比茨的行为带有政治或者宗教目的，他们也没有发现遗书。

卢比茨前女友曾表示，卢比茨去年曾说要做一件"大事"，还透露卢比茨在工作上

---

① http://www.hi.chinanews.com/hnnew/2015-03-30/379456.html（略有删改）。

和私下"判若两人",晚上常常做噩梦。

但法国官员28日表示,卢比茨的"人格问题"是目前空难原因调查的一条"可靠线索",但并非唯一的可能性。调查正在取得进展,但目前尚缺乏某些可以推断出完整事故原因的"技术因素"。该官员补充说,不应该忽略"技术事故"这一调查方向,"现在我们无权排除任何假设"。他认为,调查人员的职责就是查明飞机坠毁的原因,给遇难者家属一个交代。

"最后8分钟"细节浮现

调查人员从现有的信息中发现,卢比茨故意将机长锁在驾驶舱外,并连续8分钟降低飞行高度,最终使得飞机撞山坠毁。而当机长试图重新进入驾驶舱之际,驾驶舱里"沉默无声"。德国《图片报》28日公布了失事的德翼航空公司飞机黑匣子的最新录音。

录音显示,机长桑德海默曾表示,自己从巴塞罗那起飞前没有时间去卫生间。他在飞机进入巡航阶段后,指示卢比茨做好在杜塞尔多夫降落的准备,随后要求卢比茨接管飞机,并起身出门。

在机长离开驾驶舱后,客机开始下降。随后空管人员试图联络飞机,但未收到任何回应。自动报警信号的声音在舱内响起。

不久舱门传来巨大的击打声,机长在此后的8分钟内不断敲击呼喊"看在上帝的份上,打开门",尝试进入驾驶舱。

媒体称,黑匣子录音里"可以听到用斧子砸门的声音",还有机上乘客的尖叫。机长在飞机坠毁前发出了最后的呼喊"把该死的门打开",但舱内的卢比茨始终保持沉默,呼吸正常,直至客机撞山。

调查人员试图找到让卢比茨想独自掌控客机,并让它在阿尔卑斯山坠毁的动机。有知情人士表示,卢比茨放假时会在阿尔卑斯山区玩滑翔翼,因此对这个区域很熟。

法国媒体称,卢比茨9岁起放假时就会跟双亲参加当地的飞行俱乐部。这一俱乐部的地点离坠机地点附近的村庄勒韦尔内仅有69公里。

卢比茨前女友则表示,如果卢比茨蓄意坠机,"那是因为他明白由于自身健康问题,他想在汉莎航空担任长程飞行员的梦想几乎不可能实现"。

遇难者家属赔偿金或无上限

28日,在坠机现场附近的法国小镇迪涅莱班,人们举办了纪念活动,向遇难者致哀并对他们的家人表达支持。德国则宣布,将在4月17日为150名罹难者举行全国哀悼仪式和追思礼拜。

当地政府发言人表示,这项仪式将在德国西部科隆大教堂举行,届时总理默克尔和总统高克都将出席。罹难者亲友和相关国家代表都在邀请出席之列。此外,任何希望表达哀悼之意的人士都可出席。

在空难中遇害的一名英籍乘客的父亲布拉姆利向航空公司发出呼吁,希望航空公司应该变得更透明,飞行员应该得到"恰当的照顾"。

"我们将自己以及孩子们的生命都交到了他们手上",他说,坠机的动机和原因

"并不重要",重要的是,这绝不应该再发生;"我的儿子和飞机上的每一个人永远都不应该被遗忘"。

在谈到他的儿子时,布拉姆利说:"因为这次撞机的严重程度,我不能再找回他,也不能带他回家了。"他说:"我和我的家人将会一直来这里探访他。"

28 日,德翼宣布,将向遇难者家属提供资金援助,协助他们应付短期花费,每名遇难者的家属可得到最多 5 万欧元。德翼发言人说,遇难者家属不必偿还这笔援助金,德翼接下来还会为这起空难另外付出赔偿金。汉莎航空也指出,这笔钱只是"初始支付",汉莎航空今后还会承担"应付份额"。

专家指出,如果证实此次空难是卢比茨故意所为,那罹难者家属索取的赔偿金额将没有上限。斯旺西大学法律学院研究航空法的讲师莱卢扎斯说:"对遇难者的赔偿将是无上限的。从航空公司的角度来看,他们很难逃避对死亡乘客的责任。他们没有任何可辩护的理由。"

依据《蒙特利尔公约》,每起空难的索偿上限为每名死难者约 16 万美元,不过家属也可入禀法院,要求航空公司支付更多赔偿,但他们必须证明航空公司对空难负有责任。

德国《每日镜报》则引述一名航空法专家的话说,德翼的母公司汉莎航空接下来将面临向每个遇难者家属支付数十万甚至数百万欧元的赔款。

背景:德翼失事客机副驾驶卢比茨健康状况概要

2009 年:据德国《图片报》引述的汉莎航空医疗档案,卢比茨在 20 多岁时遭受"抑郁和焦虑症"困扰,暂时中断飞行训练,经过 18 个月的治疗后恢复训练。

2013 年:汉莎航空公司资料显示,卢比茨以优异成绩获得飞行员资格。

2013 年至 2015 年:《图片报》引述的医疗档案指卢比茨需要"定期进行特定的医疗检查",但未透露具体细节。

2015 年 2 月:卢比茨在杜塞尔多夫大学医院接受医疗诊断,未透露具体病情,院方表示其并非忧郁症。

2015 年 3 月 10 日:卢比茨再次到杜塞尔多夫大学医院求诊。

2015 年 3 月 24 日:卢比茨被认为蓄意令德翼空客 A320 客机坠毁,包括他在内的 150 人遇难。

2015 年 3 月 26 日:检控官宣布,在卢比茨位于德国的住址找到了两张被撕碎的病假单。

2015 年 3 月 28 日:德国媒体披露,调查人员是在搜查德国西部杜塞尔多夫市卢比茨住宅时发现并查扣了若干"治疗心理疾病的药物"。

主要参考文献

[1] 张明刚,何睿,于洋. 危机谈判实务. 中国人民公安大学出版社,2014.

[2] 张明刚,何睿. 危机谈判. 中国人民公安大学出版社,2009.

[3] 王大伟,张榕榕. 欧美危机警务谈判. 中国人民公安大学出版社,2007.

[4] 赵国杰. 处置劫持人质事件谈判八法. 法制博览,2017(31):247.

[5] 张志祥. 德国防暴警察解救人质策略. 山西警官高等专科学校学报,2005(1):56-60.

[6] 刘理. 反公开劫持人质的前期处置战术要点. 广州市公安管理干部学院学报,2006(2):35-39.

[7] 赵雄伟,刘硕. 反劫持行动中心理战运用探析. 政法学刊,2014(31):86-89.

[8] 陆冬英. 公开劫持人质案件中的谈判问题. 吉林公安高等专科学校学报,2006(3):32-37.

[9] 梅建明. 关于建立谈判制度处置警务危机事件的思考. 中国人民公安大学学报,2005(1):55-62.

[10] 樊守政,彭涛. 关于人质事件的谈判战术研究. 公安教育,2008(2):33-35.

[11] 何斌. 基于劫持者和人质心理活动的分析论警务谈判策略. 贵州警官职业学院学报,2015(4):112-116.

[12] 郑威,梁宝平. 劫持案件谈判中的心理关系. 湖北警官学院学报,2014(3):36-39.

[13] 李恒. 劫持人质案件的类型与特点. 辽宁警专学报,2012(4):44-49.

[12] 汤淑芬. 精神障碍者危害行为的犯罪学分析. 安徽大学刑法学硕士论文,2013.

[13] 孙玉琢. 精神障碍者实施危害行为的犯罪学分析. 长春理工大学学报,2012,7(8):40-41.

[14] 王燕. 精神病人的犯罪分析. 法制与社会,2018(8):24-26.

[15] 孙良玉. 警务危机谈判中人质的特殊心理现象及应对策略研究. 前沿,2013(24):29-30.

[16] 张明刚. 论人质危机谈判的原则. 湖北警官学院学报,2009(1):15-18.

[17] 张明刚. 人质危机谈判的阶段性策略. 政法学刊,2009(1):90-95.

[18] 高明华. 斯德哥尔摩综合征:表现、成因和应对. 中国农业大学学报:社会科学版,2009,26(1):142-153.

［19］朱丽．抑郁症患者人格特质对自杀意念的影响及应对方式的中介作用．山西医科大学硕士论文，2018．

［20］文增强．形体语言的判读与危机谈判技巧．武汉公安干部学院学报，2013（2）：11－15．

［21］姚坤．危机谈判在我国处置持械劫持人质事件中的作用研究．中国人民公安大学硕士论文，2017．

［22］张庆国．反劫制暴战术谈判中心理因素分析和应对策略研究．东北师范大学硕士论文，2007．

［23］李健和，王存奎等．当代恐怖主义的特征与发展趋势．中国人民公安大学学报：社会科学版，2008（3）：1－7．

［24］黄泽珊，白群．恐怖主义犯罪心理分析．云南警官学院学报，2010（1）：86－89．

［25］贾凤翔，石伟．基于恐怖分子的恐怖主义心理学述评．心理科学进展，2010，18（10）：1660－1667．

［26］刘晓非．当前民航面对的恐怖威胁．民航管理，2010（7）．

附录一　关于在航空器内的犯罪和其他某些行为的公约

（简称《东京公约》）

本公约缔约国协议如下：

第一章　公约的范围

第一条

1. 本公约适用于：

甲、违反刑法的罪行；

乙、危害或能危害航空器或其所载人员或财产的安全、或危害航空器上的良好秩序和纪律的行为，无论是否构成犯罪行为。

2. 除第三章规定者外，本公约适用于在缔约一国登记的航空器内的犯罪或犯有行为的人，无论该航空器是在飞行中，在公海上，或在不属于任何国家领土的其他地区上。

3. 在本公约中，航空器从其开动马力起飞到着陆冲程完毕这一时间，都应被认为是在飞行中。

4. 本公约不适用于供军事、海关或警察用的航空器。

第二条

在不妨害第四条规定的条件下，以及除非出于航空器及其所载人员或财产的安全需要外，本公约的任何规定均不得被解释为准许或要求对政治性刑法或对以种族或宗教歧视为基础的刑法的犯罪，采取某种措施。

第二章　管辖权

第三条

1. 航空器登记国有权对在该航空器内的犯罪和所犯行为行使管辖权。

2. 缔约国应采取必要的措施，对在该国登记的航空器内的犯罪和行为，规定其作为登记国的管辖权。

3. 本公约不排斥根据本国法行使刑事管辖权。

第四条

非登记国的缔约国除下列情况外，不得对飞行中的航空器进行干预以对航空器内的犯罪行使其刑事管辖权。

甲、该犯罪行为在该国领土上发生后果；

乙、犯人或受害人为该国国民或在该国有永久居所；

丙、该犯罪行为危及该国的安全；

丁、该犯罪行为违反该国现行的有关航空器飞行或驾驶的规定或规则；

戊、该国必须行使管辖权，以确保该国根据某项多边国际协定，遵守其所承担的义务。

第三章 机长的权力

第五条

1. 除航空器前一起飞地点或预定的下一降落地点不在登记国领土上，或航空器继续飞往非登记国领空，而罪犯仍在航空器内的情况外，本章规定不适用于航空器在登记国领空、公海上空或不属于任何国家领土的其他地区上空飞行时，在航空器内所发生或行将发生的犯罪和行为。

2. 虽然有第一条第3款的规定，在本章中，航空器从装载结束、机舱外部各门关闭时开始直至打开任一机舱门以便卸载时为止的任何时候，应被认为是在飞行中。航空器强迫降落时，本章规定对在航空器上发生的犯罪和行为仍继续适用，直至一国主管当局接管该航空器及其所载人员和财产时为止。

第六条

1. 机长在有理由认为某人在航空器上已犯或行将犯第一条第1款所指的罪行或行为时，可对此人采取合理的措施，包括必要的管束措施，以便：

甲、保证航空器、所载人员或财产的安全；

乙、维持机上的良好秩序和纪律；

丙、根据本章的规定将此人交付主管当局或使他离开航空器。

2. 机长可以要求或授权机组其他成员给予协助，并可以请求或授权但不能强求旅客给予协助，来管束他有权管束的任何人。任何机组成员或旅客在他有理由认为必须立即采取此项行动以保证航空器或所载人员或财产的安全时，未经授权，同样可以采取合理的预防措施。

第七条

1. 按照第六条规定对一人所采取的管束措施，除下列情形外，不得在航空器降落后以外的任何地点继续执行：

甲、此降落地点是在一非缔约国的领土上，而该国当局不准许此人离开航空器，或者已经按照第六条第1款丙项对此人采取了措施，以便将此人移交主管当局；

乙、航空器强迫降落，而机长不能将此人移交给主管当局；

丙、此人同意在继续受管束下被运往更远的地方。

2. 机长应尽快并在可能时，在载有按第六条规定受管束措施的人的航空器在一国领土上降落前，将该航空器载有一个受管束措施的人的事实及其理由，通知该国当局。

第八条

1. 机长在有理由认为某人在航空器内已犯或行将犯第一条第1款乙项所指的行为时，可在航空器降落的任何国家的领土上使该人离开航空器，如果这项措施就第六条第1款甲项或乙项所指出的目的来说是必要的。

2. 机长按照本条规定使一人在某国领土内离开航空器时，应将此离开航空器的事实和理由报告该国当局。

第九条

1. 如机长有理由认为，任何人在航空器内犯了他认为按照航空器登记国刑法是严重的罪行时，他可将该人移交给航空器降落地任何缔约国的主管当局。

2. 机长按照上款规定，拟将航空器内的一人移交给缔约国时，应尽快，并在可能时，在载有该人的航空器降落于该国领土前，将他要移交此人的意图和理由通知该国当局。

3. 机长依照本条规定，将嫌疑犯移交当局时，应将其按航空器登记国法律合法地占有的证据和情报提供该当局。

第十条

对于根据本公约所采取的措施，无论航空器机长、机组其他成员、旅客、航空器所有人或经营人，或本次飞行是为他而进行的人，在因遭受这些措施而提起的诉讼中，概不负责。

第四章　非法劫持航空器

第十一条

1. 如航空器内某人非法地用暴力或暴力威胁对飞行中的航空器进行了干扰、劫持或非法控制，或行将犯此类行为时，缔约国应采取一切适当措施，恢复或维护合法机长对航空器的控制。

2. 在前款情况下，航空器降落地的任何缔约国应允许其旅客和机组成员继续其旅行，并将航空器和所载货物交还给合法的占有人。

第五章　国家的权力和义务

第十二条

缔约各国应允许在另一缔约国登记的航空器的机长按照第八条第1款的规定使任何人离开航空器。

第十三条

1. 缔约各国应接受航空器机长按照第九条第1款的规定移交给它的人。

2. 如果缔约各国在认为情况需要时，应即采取拘留或其他措施以保证被怀疑为曾犯了第十一条第1款所指的行为的人以及被移交给它的人仍在境内。采取拘留和其他措施必须符合该国法律规定，而且只有在为了进行刑事追诉或引渡罪犯程序所必要的期间内，才可维持这些措施。

3. 对根据前款予以拘留的人在其立即与其本国最近的合格代表进行联系时，应予以协助。

4. 任何缔约国，在接受按照第九条第1款的规定移交给它的人时，或发生第十一条第1款所指的行为后航空器在其领土上降落时，应立即进行初步调查，以弄清事实。

5. 当一缔约国按照本条规定将一人拘留时，应立即将拘留该人和必须对其进行拘留的情况通知航空器登记国和被拘留人的本国，如果认为适当，并通知其他有关国家。按照本条第4款规定进行初步调查的国家，应迅速将调查的结论通知上述各国，并说明它是否意欲行使管辖权。

第十四条

1. 按照第八条第1款规定离开航空器的人，或依照第九条第1款规定被移交的人，或在犯了第十一条第1款所指的行为后离开航空器的人，当其不能或不愿意继续旅行，而航空器降落国又拒绝接受他时，如此人不是该国的国民或在该国无永久住所，该国可以将该人送返到他的本国去，或到此人有永久住所的国家去，或到此人开始空中旅行的国家去。

2. 无论是离开航空器、移交、或第十三条第2款规定的拘留或其他措施，以及当事人的遣返，就缔约国关于人员入境或许可入境的法律而言，均不应视为是允许进入该缔约国的领土。本公约的规定应不影响缔约国关于驱逐人的法律。

第十五条

1. 在不影响第十四条的条件下，按照第八条第1款的规定离开航空器，或按照第九条第1款的规定被移交，或在犯了第十一条第1款所指的行为后离开航空器的任何人，在他意欲继续其旅行时，得尽速前往其选择的目的地，除非航空器降落国法律为了刑事追诉或引渡而需要他留在境内。

2. 在不影响缔约国关于入境、许可入境、引渡或驱逐人的法律的条件下，缔约国对于按照第八条第1款的规定在其领土内离开航空器的人，或按照第九条第1款的规定所移交的人，或离开航空器而被怀疑为曾犯了第十一条第1款所指的行为的人，在对他的保护和安全方面，应予以不低于在类似情况下给予其本国国民的待遇。

第六章　其他规定

第十六条

1. 在一缔约国登记的航空器内的犯罪，在引渡问题上，应被认为不仅是发生在发生地点，而且也是发生在航空器登记国领土上。

2. 在不影响前款规定的情况下，本公约中的任何规定不应当被解释为规定引渡的义务。

第十七条

在对航空器内的犯罪采取调查或逮捕的措施时，或以其他任何方式行使管辖权时，各缔约国应适当考虑航空器的安全和其他利益，并应避免对航空器、旅客、机组和货物造成不必要的延误。

第十八条

如缔约各国建立航空运输联营组织，或国际经营机构，而其所使用的航空器未向任何一国登记时，这些缔约国应根据具体情况，指定其中一国，作为本公约所指的登记国，并将这一指定通知国际民用航空组织，由该组织通知本公约的所有缔约国。

第七章　最后条款

第十九条

本公约在按第二十一条规定生效之日前，对联合国成员国或某一专门机构的成员国的任何国家开放，听任签字。

第二十条

1. 本公约应经签字国依照其宪法程序予以批准。

2. 批准书应交存国际民用航空组织。

第二十一条

1. 本公约在十二个签字国交存批准书并于第十二份批准书交存后的第九十天起即在这些国家之间生效。对以后批准本公约的每一个国家，本公约应在其交存批准书后的第九十天起生效。

2. 本公约一经生效，应由国际民用航空组织向联合国秘书长登记。

第二十二条

1. 本公约生效后，凡联合国成员国或某一专门机构的成员国都可加入。

2. 一国加入时应向国际民用航空组织交存加入书，并于交存加入书后的第九十天起生效。

第二十三条

1. 任何缔约国都可通知国际民用航空组织而退出本公约。

2. 退出应于国际民用航空组织接到退出通知之日起六个月后生效。

第二十四条

1. 如缔约国之间对本公约的解释或引用发生争端而不能以谈判解决时，经其中一方的要求，应交付仲裁。如果在要求仲裁之日起六个月内，当事国对仲裁的组织不能达成协议时，任何一方可按照国际法院的法规提出申请书，将争端提交国际法院。

2. 每个国家在签字、批准或加入本公约时，可以声明该国不受前款规定的约束，其他缔约国对任何作出这种保留的缔约国，不受前款规定的约束。

3. 按照前款规定作出保留的任何缔约国，可以在任何时候通知国际民用航空组织撤销这一保留。

第二十五条

除第二十四条规定的情况外，对本公约不得作任何保留。

第二十六条

国际民用航空组织应将下列事项通知联合国或某一专门机构的所有成员国：

1. 对本公约的任何签字和签字日期；

2. 任何批准书或加入书的交存和交存日期；

3. 本公约按照第二十一条第 1 款规定的生效日期；

4. 收到退出通知和收到的日期；

5. 收到根据第二十四条所作的任何声明或通知和收到的日期。

下列签字的全权代表，经正式授权，在本公约上签字为证。

本公约于 1963 年 9 月 14 日在东京签订，正本一式三份，每份都用英文、法文和西班牙文写成。

本公约应存于国际民用航空组织，并在该组织按照第十九条开放，听任签字，该组织应将经证明无误的公约副本送交联合国或任何专门机构的所有成员国。

附录二　关于制止非法劫持航空器的公约

（简称《海牙公约》）

前　言

本公约各缔约国：

考虑到非法劫持或控制飞行中的航空器的行为危及人身和财产的安全，严重影响航班的经营，并损害世界人民对民用航空安全的信任；

考虑到发生这些行为是令人严重关切的事情；

考虑到为了防止这类行为，迫切需要规定适当的措施以惩罚罪犯；

协议如下：

第一条

凡在飞行中的航空器内的任何人：

（甲）用暴力或用暴力威胁，或用任何其他恐吓方式，非法劫持或控制该航空器，或企图从事任何这种行为，或

（乙）是从事或企图从事任何这种行为的人的同犯，即是犯有罪行（以下称为"罪行"）。

第二条

各缔约国承允对上述罪行给予严厉惩罚。

第三条

一、在本公约中，航空器从装载完毕、机舱外部各门均已关闭时起，直至打开任一机舱门以便卸载时为止，应被认为是在飞行中。航空器强迫降落时，在主管当局接管对该航空器及其所载人员和财产的责任前，应被认为仍在飞行中。

二、本公约不适用于供军事、海关或警察用的航空器。

三、本公约仅适用于在其内发生罪行的航空器的起飞地点或实际降落地点是在该航空器登记国领土以外，不论该航空器是从事国际飞行或国内飞行。

四、对于第五条所指的情况，如在其内发生罪行的航空器的起飞地点或实际降落地点是在同一个国家的领土内，而这一国家又是该条所指国家之一，则本公约不适用。

五、尽管有本条第三、第四款的规定，如罪犯或被指称的罪犯在该航空器登记国以外的一国领土内被发现，则不论该航空器的起飞地点或实际降落地点在何处，均应适用第六、七、八条和第十条。

第四条

一、在下列情况下，各缔约国应采取必要措施，对罪行和对被指称的罪犯对旅客或机组所犯的同该罪行有关的任何其他暴力行为，实施管辖权：

（甲）罪行是在该国登记的航空器内发生的；

（乙）在其内发生罪行的航空器在该国降落时被指称的罪犯仍在该航空器内；

（丙）罪行是在租来时不带机组的航空器内发生的，而承租人的主要营业地，或如承租人没有这种营业地，则其永久居所，是在该国。

二、当被指称的罪犯在缔约国领土内，而该国未按第八条的规定将此人引渡给本条第一款所指的任一国家时，该缔约国应同样采取必要措施，对这种罪行实施管辖权。

三、本公约不排斥根据本国法行使任何刑事管辖权。

第五条

如缔约各国成立航空运输联营组织或国际经营机构，而其使用的航空器需进行联合登记或国际登记时，则这些缔约国应通过适当方法在它们之间为每一航空器指定一个国家，该国为本公约的目的，应行使管辖权并具有登记国的性质，并应将此项指定通知国际民用航空组织，由该组织将上述通知转告本公约所有缔约国。

第六条

一、罪犯或被指称的罪犯所在的任一缔约国在判明情况有此需要时，应将该人拘留或采取其他措施以保证该人留在境内。这种拘留和其他措施应符合该国的法律规定，但是只有在为了提出刑事诉讼或引渡程序所必要的期间内，才可继续保持这些措施。

二、该国应立即对事实进行初步调查。

三、对根据本条第一款予以拘留的任何人应向其提供协助，以便其立即与其本国最近的合格代表联系。

四、当一国根据本条规定将某人拘留时，它应将拘留该人和应予拘留的情况立即通知航空器登记国、第四条第一款（丙）项所指国家和被拘留人的国籍所属国，如果认为适当，并通知其他有关国家。按照本条第二款规定进行初步调查的国家，应尽速将调查结果通知上述各国，并说明它是否意欲行使管辖权。

第七条

在其境内发现被指称的罪犯的缔约国，如不将此人引渡，则不论罪行是否在其境内发生，应无例外地将此案件提交其主管当局以便起诉。该当局应按照本国法律以对待任何严重性质的普通罪行案件的同样方式作出决定。

第八条

一、前述罪行应看作是包括在缔约各国间现有引渡条约中的一种可引渡的罪行。缔约各国承允将此种罪行作为一种可引渡的罪行列入它们之间将要缔结的每一项引渡条约中。

二、如一缔约国规定只有在订有引渡条约的条件下才可以引渡，而当该缔约国接到未与其订有引渡条约的另一缔约国的引渡要求时，可以自行决定认为本公约是对该罪行进行引渡的法律根据。引渡应遵照被要求国法律规定的其他条件。

三、缔约各国如没有规定只有在订有引渡条约时才可引渡，则在遵照被要求国法律规定的条件下，承认上述罪行是它们之间可引渡的罪行。

四、为在缔约各国间的引渡的目的，罪行应看作不仅是发生在所发生的地点，而且也是发生在根据第四条第一款要求实施其管辖权的国家领土上。

第九条

一、当第一条（甲）款所指的任何行为已经发生或行将发生时，缔约各国应采取一切适当措施以恢复或维护合法机长对航空器的控制。

二、在前款情况下，航空器或其旅客或机组所在的任何缔约国应对旅客和机组继续其旅行尽速提供方便，并应将航空器和所载货物不迟延地交还给合法的所有人。

第十条

一、缔约各国对第四条所指罪行和其他行为提出的刑事诉讼，应相互给予最大程度的协助。在任何情况下，都应适用被要求国的法律。

二、本条第一款的规定，不应影响因任何其他双边或多边条约在刑事问题上全部地或部分地规定或将规定的相互协助而承担的义务。

第十一条

各缔约国应遵照其本国法尽快地向国际民用航空组织理事会就下列各项报告它所掌握的任何有关情况：

（甲）犯罪的情况；

（乙）根据第九条采取的行动；

（丙）对罪犯或被指称的罪犯所采取的措施，特别是任何引渡程序或其他法律程序的结果。

第十二条

一、如两个或几个缔约国之间对本公约的解释或应用发生争端而不能以谈判解决时，经其中一方的要求，应交付仲裁。如果在要求仲裁之日起六个月内，当事国对仲裁的组成不能达成协议，任何一方可按照国际法院规约，要求将争端提交国际法院。

二、每个国家在签字、批准或加入本公约时，可以声明该国不受前款规定的约束。其他缔约国对于任何作出这种保留的缔约国，也不受前款规定的约束。

三、按照前款规定作出保留的任何缔约国，可以在任何时候通知保存国政府撤销这一保留。

第十三条

一、本公约于1970年12月16日在海牙开放，听任1970年12月1日到16日在海牙举行的国际航空法会议（以下称为海牙会议）的参加国签字。1970年12月31日后，本公约将在莫斯科、伦敦和华盛顿向所有国家开放签字。在本公约根据本条第三款开始生效前未在本公约上签字的任何国家，可在任何时候加入本公约。

二、本公约须经签字国批准。批准书和加入书应交存苏维埃社会主义共和国联盟、大不列颠及北爱尔兰联合王国以及美利坚合众国政府，这些政府被指定为保存国政府。

三、本公约应于参加海牙会议的在本公约上签字的十个国家交存批准书后三十天生效。

四、对其他国家，本公约应于本条第三款规定生效之日，或在它们交存批准书或加入书后三十天生效，以两者中较晚的一个日期为准。

五、保存国政府应迅速将每一签字日期、每一批准书或加入书交存日期、本公约开始生效日期以及其他通知事项通知所有签字国和加入国。

六、本公约一经生效，应由保存国政府根据联合国宪章第一百零二条和国际民用航空公约（1944年芝加哥）第八十三条进行登记。

第十四条

一、任何缔约国可以书面通知保存国政府退出本公约。

二、退出应于保存国政府接到通知之日起六个月后生效。

下列签字的全权代表，经各自政府正式授权在本公约上签字，以资证明。

1970年12月16日订于海牙，正本一式三份，每份都用英文、法文、俄文和西班牙文四种有效文本写成。

附录三 关于制止危害民用航空安全的非法行为的公约

(简称《蒙特利尔公约》)

本公约各缔约国：

考虑到危害民用航空安全的非法行为危及人身和财产的安全，严重影响航班的经营，并损害世界人民对民用航空安全的信任；

考虑到发生这些行为是令人严重关切的事情；

考虑到为了防止这类行为，迫切需要规定适当的措施以惩罚罪犯；

协议如下：

第一条

一、任何人如果非法地和故意地从事下述行为，即是犯有罪行：

（一）对飞行中的航空器内的人从事暴力行为，如该行为将会危及该航空器的安全；或

（二）破坏使用中的航空器或对该航空器造成损坏，使其不能飞行或将会危及其飞行安全；或

（三）用任何方法在使用中的航空器内放置或使别人放置一种将会破坏该航空器或对其造成损坏使其不能飞行或对其造成损坏而将会危及其飞行安全的装置或物质；或

（四）破坏或损坏航行设备或妨碍其工作，如任何此种行为将会危及飞行中航空器的安全；或

（五）传送他明知是虚假的情报，从而危及飞行中的航空器的安全。

二、任何人如果他从事下述行为，也是犯有罪行：

（一）企图犯本条第一款所指的任何罪行；或

（二）是犯有或企图犯任何此种罪行的人的同犯。

第二条

在本公约中：

（一）航空器从装载完毕、机舱外部各门均已关闭时起，直至打开任一机舱门以便卸载时为止，应被认为是在飞行中；航空器强迫降落时，在主管局接管对该航空器及其所载人员和财产的责任前，应被认为仍在飞行中。

（二）从地面人员或机组为某一特定飞行而对航空器进行飞行前的准备时起，直到降落后二十四小时止，该航空器应被认为是在使用中；在任何情况下，使用的期间应包括本条甲款所规定的航空器是在飞行中的整个时间。

第三条

各缔约国承允对第一条所指的罪行给予严厉惩罚。

第四条

一、本公约不适用于供军事、海关或警察用的航空器。

二、在第一条第一款（一）、（二）、（三）和（四）各项所指情况下，不论航空器是从事国际飞行或国内飞行，本公约均应适用，只要：

（一）航空器的实际或预定起飞或降落地点是在该航空器登记国领土以外；或

（二）罪行是在该航空器登记国以外的一国领土内发生的。

三、尽管有本条第二款的规定，在第一条第一款（一）、（二）、（三）和（四）项所指情况下，如罪犯或被指称的罪犯是在该航空器登记国以外的一国领土内被发现，则本公约也应适用。

四、关于第九条所指的各国，在第一条第一款（一）、（二）、（三）和（四）项所指的情况下，如本条第二款（一）项所指地点处于同一国家的领土内，而这一国家又是第九条所指国家之一，则本公约不应适用，除非罪行是在该国以外的一国领土内发生或罪犯或被指称的罪犯是在该国以外的一国领土内被发现。

五、在第一条第一款（四）项所指的情况下，只有在航行设备是用于国际航行时，本公约才适用。

六、本条第二、三、四和五款的规定，也适用于第一条第二款所指的情况。

第五条

一、在下列情况下，各缔约国应采取必要措施，对罪行实施管辖权：

（一）罪行是在该国领土内发生的；

（二）罪行是针对在该国登记的航空器，或在该航空器内发生的；

（三）在其内发生犯罪行为的航空器在该国降落时被指称的罪犯仍在航空器内；

（四）罪行是针对租来时不带机组的航空器，或是在该航空器内发生的，而承租人的主要营业地，或如承租人没有这种营业地，则其永久居所，是在该国。

二、当被指称的罪犯在缔约国领土内，而该国未按第八条的规定将此人引渡给本条第一款所指的任一国家时，该缔约国应同样采取必要措施，对第一条第一款（一）、（二）和（三）项所指的罪行，以及对第一条第二款所列与这些款项有关的罪行实施管辖权。

三、本公约不排斥根据本国法行使任何刑事管辖权。

第六条

一、罪犯或被指称的罪犯所在的任一缔约国在判明情况有此需要时，应将该人拘留或采取其他措施以保证该人留在境内。这种拘留和其他措施应符合该国的法律规定，但是只有在为了提出刑事诉讼或引渡程序所必要的期间内，才可继续保持这些措施。

二、该国应立即对事实进行初步调查。

三、对根据本条第一款予以拘留的任何人，应向其提供协助，以便其立即与其本国最近的合格代表联系。

四、当一国根据本条规定将某人拘留时，它应将拘留该人和应予拘留的情况立即通知第五条第一款所指国家和被拘留人的国籍所属国,如果认为适当,并通知其他有关国家。按照本条第二款规定进行初步调查的国家,应尽速将调查结果通知上述各国,并说明它是否意欲行使管辖权。

第七条

在其境内发现被指称的罪犯的缔约国,如不将此人引渡,则不论罪行是否在其境内发生,应无例外地将此案件提交其主管当局以便起诉。该当局应按照本国法律,以对待任何严重性质的普通罪行案件的同样方式作出决定。

第八条

一、前述罪行应看作是包括在缔约各国间现有引渡条约中的一种可引渡的罪行。缔约各国承允将此种罪行作为一种可引渡的罪行列入它们之间将要缔结的每一项引渡条约中。

二、如一缔约国规定只有在订有引渡条约的条件下才可以引渡,而当该缔约国接到未与其订有引渡条约的另一缔约国的引渡要求时,可以自行决定认为本公约是对该罪行进行引渡的法律根据。引渡应遵照被要求国法律规定的其他条件。

三、缔约各国如没有规定只有在订有引渡条约下才可引渡,则在遵照被要求国法律规定的条件下,应承认上述罪行是它们之间可引渡的罪行。

四、为在缔约各国之间引渡的目的,每一罪行应看作不仅是发生在所发生的地点,而且也是发生在根据第五条第一款(二)、(三)和(四)项要求实施其管辖权的国家领土上。

第九条

如缔约各国成立航空运输联营组织或国际经营机构,而其使用的航空器需要进行联合登记或国际登记时,则这些缔约国应通过适当方法在它们之间为每一航空器指定一个国家,该国为本公约的目的,应行使管辖权并具有登记国的性质,并应将此项指定通知国际民用航空组织,由该组织将上述通知转告本公约所有缔约国。

第十条

一、缔约各国应根据国际法和本国法,努力采取一切可能的措施,以防止发生第一条所指的罪行。

二、当由于发生了第一条所指的一种罪行,使飞行延误或中断,航空器、旅客或机组所在的任何缔约国应对旅客和机组继续其旅行尽速提供方便,并应将航空器和所载货物不迟延地交还给合法的所有人。

第十一条

一、缔约各国对上述罪行所提出的刑事诉讼,应相互给予最大程度的协助。在任何情况下,都应适用被要求国的法律。

二、本条第一款的规定,不应影响因任何其他双边或多边条约在刑事问题上全部地或部分地规定或将规定相互协助而承担的义务。

第十二条

任何缔约国如有理由相信将要发生第一条所指的罪行之一时,应遵照其本国法向其认为是第五条第一款所指的国家,提供其所掌握的任何有关情况。

第十三条

一、每一缔约国应遵照其本国法尽快地向国际民用航空组织理事会就下列各项报告它所掌握的任何有关情况：

（一）犯罪的情况；

（二）根据第十条第二款采取的行动；

（三）对罪犯或被指称的罪犯所采取的措施，特别是任何引渡程序或其他法律程序的结果。

第十四条

一、如两个或几个缔约国之间对本公约的解释或应用发生争端而不能以谈判解决时，经其中一方的要求，应交付仲裁。如果在要求仲裁之日起六个月内，当事国对仲裁的组成不能达成协议，任何一方可按照国际法院规约，要求将争端提交国际法院。

二、每个国家在签字、批准或加入本公约时，可以声明该国不受前款规定的约束。其他缔约国对于任何作出这种保留的缔约国，也不受前款规定的约束。

三、按照前款规定作出保留的任何缔约国，可以在任何时候通知保存国政府撤销这一保留。

第十五条

一、本公约于1971年9月23日在蒙特利尔开放，听任1971年9月8日到23日在蒙特利尔举行的国际航空法会议（以下称为蒙特利尔会议）的参加国签字。1971年10月10日后，本公约将在莫斯科、伦敦和华盛顿向所有国家开放签字。在本公约根据本条第三款开始生效前未在本公约上签字的任何国家，可在任何时候加入本公约。

二、本公约须经签字国批准。批准书和加入书应交存苏维埃社会主义共和国联盟、大不列颠及北爱尔兰联合王国以及美利坚合众国政府，这些政府被指定为保存国政府。

三、本公约应于参加蒙特利尔会议在本公约上签字的十个国家交存批准书后三十天生效。

四、对其他国家，本公约应于本条第三款规定生效之日，或在它们交存批准书或加入书后三十天生效，以两者中较晚的一个日期为准。

五、保存国政府应迅速将每一签字日期、每一批准书或加入书交存日期、本公约开始生效日期以及其他通知事项通知所有签字国和加入国。

六、本公约一经生效，应由保存国政府根据联合国宪章第一百零二条和国际民用航空公约（1944年芝加哥）第八十三条进行登记。

第十六条

一、任何缔约国可以书面通知保存国政府退出本公约。

二、退出应于保存国政府接到通知之日起六个月后生效。

下列签字的全权代表，经各自政府正式授权在本公约上签字，以资证明。

1971年9月23日订于蒙特利尔，正本一式三份，每份都用英文、法文、俄文和西班牙文四种有效文本写成。

附录四 制止在用于国际民用航空的机场发生的非法暴力行为以补充1971年9月23日订于蒙特利尔的制止危害民用航空安全的非法行为的公约的议定书

(简称《蒙特利尔公约补充议定书》)

本议定书之缔约国：

考虑到在用于国际民用航空服务的机场上非法暴力行为危害或可能危害人身安全，危及机场的安全操作，损害全世界人民对民用航空安全的信心，并扰乱各国民用航空的安全与正常经营；

考虑到这类行为的发生为国际社会严重关注，并为防止此类行为而对行为人采取适当的处罚措施是十分必要的；

考虑到有必要为1971年9月23日订于蒙特利尔的《关于制止危害民用航空安全的非法行为的公约》制订补充规定，以对付在用于国际民用航空服务的机场上发生的非法暴力行为；

协议如下：

第一条

本议定书作为对1971年9月23日订于蒙特利尔的《关于制止危害民用航空安全的非法行为的公约》(以下称"公约")的补充规定，在议定书的缔约方之间，公约和议定书应视为并解释为单一文件。

第二条

一、在公约第一条中，以下规定应增加作为新的第一款之二：

"一之二、任何人使用任何装置、物质或武器非法并故意实施下列行为，即构成犯罪：

（一）在为国际民用航空服务的机场上，对任何人实施导致或可能导致其严重伤害或死亡的暴力行为；或

（二）破坏或严重损坏为国际民用航空服务的机场的设施或降停在机场的飞机，或妨碍机场的营运，如果该行为危害或可能危害机场的安全。"

二、在公约第一条第二款（一）中，应在"第一款"三字之后增加以下六字："或第一款之二"。

第三条

在公约第五条中，以下规定应增加作为第二款之二：

附录四　制止在用于国际民用航空的机场发生的非法暴力行为以补充 1971 年 9 月 23 日订于蒙特利尔的制止危害民用航空安全的非法行为的公约的议定书

"二之二、各缔约国在必要时应采取同样措施以确立对第一条第一款之二和第一条第二款中所指出的犯罪的司法审判,以便罪犯在其领土内并依据第八条规定不引渡至该条第一款(一)中所指的国家时,第一条第二款亦能包含这类犯罪。"

第四条

本议定书应于 1988 年 2 月 24 日在蒙特利尔对参加 1988 年 2 月 9 日至 24 日于蒙特利尔召开的国际空间法会议的国家开放签字。1988 年 3 月 1 日起至根据其第六条规定而生效之日止,本议定书应在伦敦、莫斯科、华盛顿和蒙特利尔对所有国家开放签字。

第五条

一、本议定书应由缔约国批准。

二、任何非公约缔约国,可在根据公约第十五条规定批准或接受公约的同时,批准本议定书。

三、批准书应交存苏维埃社会主义共和国联盟、大不列颠及北爱尔兰联合王国以及美利坚合众国政府或国际民用航空组织,这些政府或组织被指定为保存机关。

第六条

一、本议定书应于十个签字国交存批准书后并在第十份批准书交存之日起三十天之后生效。在议定书生效以后交存批准书的国家,议定书应在其交存批准书之日起三十天以后对其生效。

二、本议定书一经生效,应由保存机关根据联合国宪章第一百零二条和国际民用航空公约(1944 年,芝加哥)第八十三条的规定进行登记。

第七条

一、本议定书在生效以后,应开放接受任何非签字国的加入。

二、任何非公约缔约国,可在根据公约第十五条规定批准或加入公约的同时,加入本议定书。

三、加入书应交存保存机关,加入自交存加入书三十天以后生效。

第八条

一、本议定书缔约国可书面通知保存机关退出本议定书。

二、退出应于保存机关接到通知之日起六个月后生效。

三、退出本议定书并不表明退出公约。

四、以本议定书作为补充的公约的缔约国退出公约,则视为亦退出本议定书。

第九条

一、保存机关应迅速将下列事项通知本议定书和公约的签字国和加入国:

(一) 每一签字日期、每一批准书或加入书的交存日期;

(二) 收到退出本议定书的通知及收到日期。

二、保存机关还应将本议定书根据其第六条规定而生效的日期通知本条第一款所指的国家。

下列签字的全权代表,经各自政府正式授权在本议定书上签字,以资证明。

1988 年 2 月 24 日订于蒙特利尔,正本一式四份,每份均用英文、法文、俄文和西班牙文四种有效文本写成。

附录五　关于在可塑炸药中添加识别剂以便侦测的公约

(简称1991年《蒙特利尔公约》)

本公约缔约国：

意识到恐怖主义的行为对世界安全的影响；

对以摧毁航空器、其他运输工具以及其他目标为目的的恐怖行为表示严重关切；

对利用塑性炸药实施此类恐怖行为十分忧虑；

鉴于注标塑性炸药便于探测，对防止此类非法行为具有重要意义；

承认为防止此类行为的发生，紧急需要制订一个国际文件，使各国承担义务采取适当的措施，以确保塑性炸药按照规定注标；

鉴于联合国安全理事会一九八九年六月十四日第635号决议和联合国大会一九八九年十二月四日第44/39号决议强烈要求国际民用航空组织加强工作，以建立一种注标塑性炸药以便探测的国际制度；

考虑到国际民用航空组织大会第二十七届会议一致通过的第A27-8号决议，批准以绝对优先安排，准备一个关于注标塑性炸药以便探测的新国际文件；

满意地注意到国际民用航空组织理事会在准备公约中的作用，及其担负施行该公约职责的旨意；

达成协议如下：

第一条

在本公约中：

一、"炸药"，是指通常称之为"塑性炸药"的爆炸性产品，包括本公约的技术附件所列明的呈柔韧性或富有弹性的叶片状爆炸物。

二、"探测元素"，是指本公约的技术附件所列明的物质，添加到炸药中使之变为可探测性。

三、"注标"，是指按照本公约的技术附件给炸药添加探测元素。

四、"制造"，是指生产炸药，包括再加工的任何过程。

五、"正式批准的军事装置"，包括，但不限于，炮弹、炸弹、发射物、地（水）雷、导弹、火箭、空心装药按、榴弹以及根据有关国家的法律和规章专门为军事目的制造的穿孔器。

六、"生产国"，是指在其领土上制造炸药的任何国家。

第二条

每一缔约国应采取必要的和有效的措施，禁止和阻止在其领土上制造非注标炸药。

第三条

一、每一缔约国应采取必要的和有效的措施，禁止和阻止非注标炸药运入或运出其领土。

二、前款不适用于执行军事或海关职责的缔约国当局，以与本公约宗旨不相违背的目的运输非注标炸药。该缔约国应按照第四条第一款的规定监管非注标炸药。

第四条

一、每一缔约国应采取必要措施，对于占有或转让在本公约对该国生效之前在其领土上制造或输入其领土的非注标炸药，实施严格的和有效的监管，以便阻止转移或用于与本公约宗旨相违背的目的。

二、每一缔约国应采取必要措施，对不由其执行军事或警察职责的当局所占有、属于本条第一款所指的所有库存炸药，从本公约当该国生效之日起，在三年之内，予以销毁或用于与本公约宗旨不相违背的目的，或者予以注标或使之彻底变为非攻击性质。

三、每一缔约国应采取必要措施，对由其执行军事或警察职责的当局所占有、属于本条第一款所指的所有库存炸药，而未被列入正式批准的军事装置不可分割的一部分，从本公约对该国生效之日起，在十五年之内予以销毁或用于与本公约宗旨不相违背的目的，或者予以注标或使之彻底变为非攻击性质。

四、每一缔约国应采取必要措施，确保对在其领土内发现的，而不是本条前款规定所指的，亦不是在本公约对该国生效时由军事或警察当局占有并列入正式批准的军事装置不可分割的一部分的库存非注标炸药，尽可能早地在其领土上予以销毁。

五、每一缔约国应采取必要措施，对占有和转让本公约的技术附件第一部分第二项所指的炸药施行严格的和有效的监管，以便阻止转移或用于与本公约宗旨相违背的目的。

六、每一缔约国应采取必要措施，确保对在本公约对该国生效后制造的、未被列入本公约的技术附件第一部分第二项第（四）点列明的非注标炸药，以及对不属于上述第二项任何其他点列明的非注标炸药，尽可能早地在其领土上予以销毁。

第五条

一、本公约设立一个炸药技术国际委员会（以下称"委员会"），由国际民用航空组织理事会（以下称"理事会"）在本公约缔约国推荐的人员中任命，至少由十五名、最多由十九名成员组成。

二、委员会的成员系专家，在炸药制造或探测，或者在炸药研究领域中具有直接的和丰富的经验。

三、委员会成员任期三年，可以再次被任命连任。

四、委员会每年至少召开一次会议，在国际民用航空组织总部举行，或者由理事会确定或批准的地点和时间举行。

五、委员会应通过其议事规则，由理事会批准后施行。

第六条

一、委员会应评估炸药制造、注标和探测技术的发展。

二、委员会应通过理事会将其研究结果通报各缔约国和有关国际组织。

三、如需要，委员会应向理事会提交修正本公约技术附件的建议。委员会应尽力就此等建议协商一致作出决定。如不能协商一致，则由委员会成员的三分之二多数通过决定。

四、理事会经委员会建议，可以向各缔约国提出本公约的技术附件的修正案。

第七条

一、每一缔约国可在本公约技术附件修正案通知之日起的九十天内，将其意见送交理事会。理事会应尽快将这些意见转送委员会以便审议。理事会应邀请对修正案发表意见或予以反对的每一缔约国与委员会磋商。

二、委员会应审议缔约各国根据前款发表的意见，并向理事会提交报告。理事会审议委员会的报告后，根据修正案的性质和各缔约国，包括生产国提出的意见，可以建议缔约各国通过修正案。

三、如果所建议的修正案，在理事会通告修正案之日起的九十天内，未被五个缔约国或五个以上缔约国书面通知理事会否决的，即视为通过，并再经一百八十天或在修正案中规定的任何另一期限后，对未明示否决修正案的各缔约国生效。

四、曾明示否决所建议的修正案的各缔约国，可在以后提交接受书或核准书表示同意接受修正案规定的约束。

五、如果五个缔约国或五个以上缔约国反对所建议的修正案，理事会应将该修正案发回委员会作补充审议。

六、如果所建议的修正案按照本条第三款的规定未被通过，理事会亦可召集全体缔约国大会。

第八条

一、各缔约国如有可能，应向理事会提供情报，以帮助委员会履行第六条第一款规定的职责。

二、各缔约国应向理事会报告其执行本公约规定所采取的措施。理事会应将这些情况通报所有缔约国和有关国际组织。

第九条

理事会应与各缔约国和有关国际组织合作，采取适当措施以便于实施本公约，包括提供技术援助和交换有关注标和探测炸药的技术发展情况。

第十条

本公约的技术附件是本公约不可分割的部分。

第十一条

一、缔约各国之间对本公约的解释或适用发生任何争端，如不能以谈判解决时，经其中一方请求，应将争端提交仲裁。凡在请求仲裁之日起六个月内，各当事国对仲裁的组成不能达成协议，其中任何一国可按照国际法院规约，申请将争端提交国际法院。

二、每一缔约国在签署、批准、接受或核准本公约或加入本公约时，可以声明该国不受前款规定的约束。其他缔约国对于任何作出这种保留的缔约国，也不受前款规定的约束。

三、按照前款规定作出保留的任何缔约国，可以在任何时候通知保存者撤销这一保留。

第十二条

除第十一条规定的情况外，对本公约不得作任何保留。

第十三条

一、本公约于一九九一年三月一日在蒙特利尔开放，听由一九九一年二月二十二日至三月一日在蒙特利尔举行的航空法国际会议的参加国签字。一九九一年三月一日后，本公约将在国际民用航空组织总部向所有国家开放签字，直至本公约根据本条第三款规定生效时止。任何未签署本公约的国家，可在任何时候加入本公约。

二、本公约需经国家批准、接受、核准或者加入。批准、接受、核准或加入的文书交由国际民用航空组织保存，国际民用航空组织被指定为保存者。任何国家在交存其批准书、接受书、核准书或加入书时，应声明是否系生产国。

三、本公约自第三十五份批准书、接受书、核准书或加入书交存保存者之日起的第六十天生效，但在这些国家中至少有五个国家已根据本条第二款规定声明是生产国。如果在五个生产国存交其文书之前已交存了三十五份批准书，则本公约自第五个生产国的批准书、接受书、核准书或加入书存交之日起的第六十天生效。

四、对于其他国家，本公约自这些国家交存其批准书、接受书、核准书或加入书之日起六十天后生效。

五、本公约一经生效，即由保存者根据联合国宪章第一百零二条和国际民用航空公约（一九四四年，芝加哥）第八十三条的规定，予以登记。

第十四条

保存者应将下列事项立即通知所有签字国和缔约国：

（一）本公约的每一签字及签字的日期；

（二）每一批准书、接受书、核准书或加入书的交存及交存的日期，对声明是生产国的国家应特别予以注明；

（三）本公约的生效日期；

（四）本公约或其附件的任何修正案的生效日期；

（五）根据第十五条所作的任何退出；

（六）根据第十一条第二款所作的任何声明。

第十五条

一、每一缔约国可向保存者递交书面通知退出本公约。

二、退出自保存者收到退出通知之日起一百八十天后生效。

下列签字的全权代表经正式授权在本公约上签字，以资证明。

本公约于一九九一年三月一日在蒙特利尔订立，一份正本，载有用英文、法文、俄文、西班牙文和阿拉伯文写成五种作准文本。

附录六　中华人民共和国民用航空安全保卫条例

(1996年7月6日中华人民共和国国务院令第201号发布，
根据2011年1月8日国务院令第588号
《国务院关于废止和修改部分行政法规的决定》修订)

第一章　总　则

第一条　为了防止对民用航空活动的非法干扰，维护民用航空秩序，保障民用航空安全，制定本条例。

第二条　本条例适用于在中华人民共和国领域内的一切民用航空活动以及与民用航空活动有关的单位和个人。

在中华人民共和国领域外从事民用航空活动的具有中华人民共和国国籍的民用航空器适用本条例；但是，中华人民共和国缔结或者参加的国际条约另有规定的除外。

第三条　民用航空安全保卫工作实行统一管理、分工负责的原则。

民用航空公安机关（以下简称民航公安机关）负责对民用航空安全保卫工作实施统一管理、检查和监督。

第四条　有关地方人民政府与民用航空单位应当密切配合，共同维护民用航空安全。

第五条　旅客、货物托运人和收货人以及其他进入机场的人员，应当遵守民用航空安全管理的法律、法规和规章。

第六条　民用机场经营人和民用航空器经营人应当履行下列职责：

（一）制定本单位民用航空安全保卫方案，并报国务院民用航空主管部门备案；

（二）严格实行有关民用航空安全保卫的措施；

（三）定期进行民用航空安全保卫训练，及时消除危及民用航空安全的隐患。

与中华人民共和国通航的外国民用航空企业，应当向国务院民用航空主管部门报送民用航空安全保卫方案。

第七条　公民有权向民航公安机关举报预谋劫持、破坏民用航空器或者其他危害民用航空安全的行为。

第八条　对维护民用航空安全做出突出贡献的单位或者个人，由有关人民政府或者国务院民用航空主管部门给予奖励。

第二章　民用机场的安全保卫

第九条　民用机场（包括军民合用机场中的民用部分，下同）的新建、改建或者扩建，应当符合国务院民用航空主管部门关于民用机场安全保卫设施建设的规定。

第十条　民用机场开放使用，应当具备下列安全保卫条件：

（一）设有机场控制区并配备专职警卫人员；

（二）设有符合标准的防护围栏和巡逻通道；

（三）设有安全保卫机构并配备相应的人员和装备；
（四）设有安全检查机构并配备与机场运输量相适应的人员和检查设备；
（五）设有专职消防组织并按照机场消防等级配备人员和设备；
（六）订有应急处置方案并配备必要的应急援救设备。

第十一条 机场控制区应当根据安全保卫的需要，划定为候机隔离区、行李分检装卸区、航空器活动区和维修区、货物存放区等，并分别设置安全防护设施和明显标志。

第十二条 机场控制区应当有严密的安全保卫措施，实行封闭式分区管理。具体管理办法由国务院民用航空主管部门制定。

第十三条 人员与车辆进入机场控制区，必须佩带机场控制区通行证并接受警卫人员的检查。

机场控制区通行证，由民航公安机关按照国务院民用航空主管部门的有关规定制发和管理。

第十四条 在航空器活动区和维修区内的人员、车辆必须按照规定路线行进，车辆、设备必须在指定位置停放，一切人员、车辆必须避让航空器。

第十五条 停放在机场的民用航空器必须有专人警卫；各有关部门及其工作人员必须严格执行航空器警卫交接制度。

第十六条 机场内禁止下列行为：
（一）攀（钻）越、损毁机场防护围栏及其他安全防护设施；
（二）在机场控制区内狩猎、放牧、晾晒谷物、教练驾驶车辆；
（三）无机场控制区通行证进入机场控制区；
（四）随意穿越航空器跑道、滑行道；
（五）强行登、占航空器；
（六）谎报险情，制造混乱；
（七）扰乱机场秩序的其他行为。

第三章 民用航空营运的安全保卫

第十七条 承运人及其代理人出售客票，必须符合国务院民用航空主管部门的有关规定；对不符合规定的，不得售予客票。

第十八条 承运人办理承运手续时，必须核对乘机人和行李。

第十九条 旅客登机时，承运人必须核对旅客人数。

对已经办理登机手续而未登机的旅客的行李，不得装入或者留在航空器内。

旅客在航空器飞行中途中止旅行时，必须将其行李卸下。

第二十条 承运人对承运的行李、货物，在地面存储和运输期间，必须有专人监管。

第二十一条 配制、装载供应品的单位对装入航空器的供应品，必须保证其安全性。

第二十二条 航空器在飞行中的安全保卫工作由机长统一负责。

航空安全员在机长领导下，承担安全保卫的具体工作。

机长、航空安全员和机组其他成员，应当严格履行职责，保护民用航空器及其所载人员和财产的安全。

第二十三条 机长在执行职务时，可以行使下列权力：

（一）在航空器起飞前，发现有关方面对航空器未采取本条例规定的安全措施的，拒绝起飞；

（二）在航空器飞行中，对扰乱航空器内秩序，干扰机组人员正常工作而不听劝阻的人，采取必要的管束措施；

（三）在航空器飞行中，对劫持、破坏航空器或者其他危及安全的行为，采取必要的措施；

（四）在航空器飞行中遇到特殊情况时，对航空器的处置作最后决定。

第二十四条 禁止下列扰乱民用航空营运秩序的行为：

（一）倒卖购票证件、客票和航空运输企业的有效订座凭证；

（二）冒用他人身份证件购票、登机；

（三）利用客票交运或者捎带非旅客本人的行李物品；

（四）将未经安全检查或者采取其他安全措施的物品装入航空器。

第二十五条 航空器内禁止下列行为：

（一）在禁烟区吸烟；

（二）抢占座位、行李舱（架）；

（三）打架、酗酒、寻衅滋事；

（四）盗窃、故意损坏或者擅自移动救生物品和设备；

（五）危及飞行安全和扰乱航空器内秩序的其他行为。

第四章 安全检查

第二十六条 乘坐民用航空器的旅客和其他人员及其携带的行李物品，必须接受安全检查；但是，国务院规定免检的除外。

拒绝接受安全检查的，不准登机，损失自行承担。

第二十七条 安全检查人员应当查验旅客客票、身份证件和登机牌，使用仪器或者手工对旅客及其行李物品进行安全检查，必要时可以从严检查。

已经安全检查的旅客应当在候机隔离区等待登机。

第二十八条 进入候机隔离区的工作人员（包括机组人员）及其携带的物品，应当接受安全检查。

接送旅客的人员和其他人员不得进入候机隔离区。

第二十九条 外交邮袋免予安全检查。外交信使及其随身携带的其他物品应当接受安全检查；但是，中华人民共和国缔结或者参加的国际条约另有规定的除外。

第三十条 空运的货物必须经过安全检查或者对其采取的其他安全措施。

货物托运人不得伪报品名托运或者在货物中夹带危险物品。

第三十一条 航空邮件必须经过安全检查。发现可疑邮件时，安全检查部门应当会同邮政部门开包查验处理。

第三十二条 除国务院另有规定的外，乘坐民用航空器的，禁止随身携带或者交运下列物品：

（一）枪支、弹药、军械、警械；

（二）管制刀具；

（三）易燃、易爆、有毒、腐蚀性、放射性物品；
（四）国家规定的其他禁运物品。

第三十三条 除本条例第三十二条规定的物品外，其他可以用于危害航空安全的物品，旅客不得随身携带，但是可以作为行李交运或者按照国务院民用航空主管部门的有关规定由机组人员带到目的地后交还。

对含有易燃物质的生活用品实行限量携带。限量携带的物品及其数量，由国务院民用航空主管部门规定。

第五章 罚 则

第三十四条 违反本条例第十四条的规定或者有本条例第十六条、第二十四条第一项、第二十五条所列行为，构成违反治安管理行为的，由民航公安机关依照《中华人民共和国治安管理处罚法》有关规定予以处罚；有本条例第二十四条第二项所列行为的，由民航公安机关依照《中华人民共和国居民身份证法》有关规定予以处罚。

第三十五条 违反本条例的有关规定，由民航公安机关按照下列规定予以处罚：

（一）有本条例第二十四条第四项所列行为的，可以处以警告或者3000元以下的罚款；

（二）有本条例第二十四条第三项所列行为的，可以处以警告、没收非法所得或者5000元以下罚款；

（三）违反本条例第三十条第二款、第三十二条的规定，尚未构成犯罪的，可以处以5000元以下罚款、没收或者扣留非法携带的物品。

第三十六条 违反本条例的规定，有下列情形之一的，民用航空主管部门可以对有关单位处以警告、停业整顿或者5万元以下的罚款；民航公安机关可以对直接责任人员处以警告或者500元以下的罚款：

（一）违反本条例第十五条的规定，造成航空器失控的；

（二）违反本条例第十七条的规定，出售客票的；

（三）违反本条例第十八条的规定，承运人办理承运手续时，不核对乘机人和行李的；

（四）违反本条例第十九条的规定的；

（五）违反本条例第二十条、第二十一条、第三十条第一款、第三十一条的规定，对收运、装入航空器的物品不采取安全措施的。

第三十七条 违反本条例的有关规定，构成犯罪的，依法追究刑事责任。

第三十八条 违反本条例规定的，除依照本章的规定予以处罚外，给单位或者个人造成财产损失的，应当依法承担赔偿责任。

第六章 附 则

第三十九条 本条例下列用语的含义：

"机场控制区"，是指根据安全需要在机场内划定的进出受到限制的区域。

"候机隔离区"，是指根据安全需要在候机楼（室）内划定的供已经安全检查的出港旅客等待登机的区域及登机通道、摆渡车。

"航空器活动区"，是指机场内用于航空器起飞、着陆以及与此有关的地面活动区域，包括跑道、滑行道、联络道、客机坪。

第四十条 本条例自发布之日起施行。